AF571526

Le problème du Mal dans une métaphysique de l'alchimie

Une filiation insolite entre Luther, Böhme & Schelling

5-7, rue de l'Ecole polytechnique, 75005 Paris

http://www.librairieharmattan.com
diffusion.harmattan@wanadoo.fr
harmattan1@wanadoo.fr
ISBN : 978-2-343-00313-9
EAN : 9782343003139

Eric Kaija Guerrier

Le problème du Mal dans une métaphysique de l'alchimie

Une filiation insolite entre Luther, Böhme & Schelling

L'Harmattan

Du même auteur

Livres

1. *Mystique et alchimie en terre rhénane* (2006)
(article – revue *Les Saisons d'Alsace* – n°33)

2. *Faire de Strasbourg la capitale intellectuelle de l'Europe* (2009)
(article co-écrit avec Michel Rocard, Véronique Kretz et Charlotte Ricateau – revue *Le Diable probablement* – n°7)

3. *La traversée de l'intervalle :*
aperçus fragmentaires de l'influence de la mystique rhénanique sur la franc-maçonnerie christique
(2010)
(livre-album – éditions Yves Meillier & Laurent Balandras, collection Ésotérisme, Paris)

4. *Le Christ initiatique : une christologie au coeur de la franc-maçonnerie* (2011)
(livre illustré – éditions du Cosmogone, collection Compendium, Lyon)

Discographie en solo

1. *La traversée de l'intervalle* (2010) (album – bande originale du livre)

2. *Argentoratum : eine Huldigung zu Ehren der unter dem Deutschen Kaiserreich erbauten Stadtviertel Straßburgs (1871-1918)* (2012) (album)

3. *Les contemplations : une évocation théurgique du Grand-Œuvre alchimique* (2012) (EP)

Discographie avec le groupe Weepers Circus

1. *Weepers Circus* (1995) (EP)
2. *Le fou et la balance* (1997) (album)
3. *Je suis noble* (1998) (EP)
4. *L'épouvantail* (1999) (album)
5. *L'ombre et la demoiselle* (2000) (album)
6. *Faites entrer* (2003) (album)
7. *La monstrueuse parade* (2005) (album + DVD)
8. *Tout n'est plus si noir* (2007) (album)
9. *En concert* (2009) (album + DVD)
10. *À la récré* (2009) (livre-album)
11. *N'importe où, hors du monde* (2011) (livre-album)
12. *Le grand bazar* (2013) (livre-album)

À ma fille Éva-Louise.

À mon épouse Anne-Sophie.

À mes parents Charles et Sonia.

À mon frère Claude ainsi qu'à ma belle-sœur Cathy.

À mon neveu Charles Junior ainsi qu'à ma nièce Camille.

À mes amis du Weepers Circus :
Alexandre (Gouleck) Bertrand, Alexandre et Franck George,
Christian Houllé et Denis Leonhardt.

À l'équipe du Weepers Circus :
Laurent Balandras, Kévin Bernard, Emma et Pascal Chauvet,
Mariette Cousty, Stéphane (Goomy) Cronenberger,
Nicolas Desvernois, Mehdi Doughouas, Tibo Fourrier, Stéphanie
Pagnacco, Mathieu Pelletier, Laurent Signolet, Bertrand Truptil et
Caroline Vonfelt.

À Philippe Lacoue-Labarthe.

Aux filles et aux fils de la Veuve.

Une entrée

D'emblée, l'acte en filigrane d'une filiation entre Jacob Böhme[1] et Friedrich Wilhelm Joseph von Schelling : celui-ci éclairant avec force et vigueur les sources mystiques et alchimiques du romantisme allemand.[2] Plus précisément, la lecture de Böhme par Schelling est le résultat d'une découverte enthousiaste[3] : en effet, la parenté du théosophe allemand[4] – et de la théosophie[5] allemande en général – s'articulent durablement le long des écrits schellingiens[6] par la présence et

---

[1] Que l'on peut aussi orthographier *Jakob Böhme*, ou, à la française, sous la forme *Jacob Boehme*.

[2] Abstraction faite alors de l'influence globale de Böhme (1575-1624) déployée en la pensée européenne. À ce sujet, consulter Ernst Benz, *Les sources mystiques de la philosophie allemande*, page 18. Tous les détails bibliographiques se trouvent à la fin de l'ouvrage. Contrairement à l'usage, le titre complet de chaque référence d'ouvrage, en note de bas de page, sera à chaque fois répété, de façon à ce que le lecteur puisse s'y retrouver plus rapidement, quitte à être redondant.

[3] Éric Kaija Guerrier, *La Traversée de l'intervalle – Aperçus fragmentaires de l'influence de la mystique rhénanique sur la franc-maçonnerie christique*, pages 126 et 132. Ce n'est pas l'objectif de cet ouvrage de le montrer, mais, par ailleurs, un dialogue entre Schelling (1775-1854) et Franz von Baader (1765-1841) serait essentiel : en effet, Baader, professeur à Munich, est à l'origine de la redécouverte de Böhme par les romantiques allemands. À ce sujet, consulter ses *Sämtliche Werke*.

[4] Pour le présent essai, nous lisons essentiellement la traduction française (de Pierre Deghaye) de l'ouvrage *De signatura rerum* (1622) de Jacob Böhme. Pour le texte allemand, nous lisons la version issue du volume intitulé *Jacob Böhme Werke*, sous-titré *Morgenröte und De Signatura Rerum – Böhmes Hauptwerke in kritischer Edition und mit umfassendem Kommentar*.

[5] « *Il n'est guère aisé de circonscrire cette notion. Brièvement, disons qu'elle a pour objectif d'établir une doctrine – et parfois une pratique – imprégnées de mystique et d'hermétisme qui visent a une connaissance de Dieu par les seuls moyens de l'intériorité spirituelle humaine. À ne surtout pas confondre avec la Société Théosophique fondée au XIXè siècle par Helena Petrovna Blavatsky.* » Éric Kaija Guerrier, *La Traversée de l'intervalle – Aperçus fragmentaires de l'influence de la mystique rhénanique sur la franc-maçonnerie christique*, page 121.

[6] Schelling fait l'expérience d'une découverte fragmentaire et progressive de l'oeuvre de Böhme. Dès ses premières années d'études – par l'intermédiaire de son père – le nom de Jacob Böhme n'est plus inconnu du jeune Schelling. Et déjà, lors des années de Leipzig, de 1795 à 1798, il n'est pas impossible que certaines notions théosophiques aient pu jouer un rôle dans l'élaboration schellingienne de la *Naturphilosophie*. Plus tard, au cours de la période d'Iéna, le 08 juillet 1802, Schelling écrit à son père pour lui demander les oeuvres de Friedrich Christoph Oetingen (1702-1782), pasteur, théologien, alchimiste, grand lecteur de Böhme, d'Emmanuel Swedenborg, et de la Kabbale. Quelques jours plus tard, il s'adresse à August Whilhelm von Schlegel (1767-1845) pour l'achat d'un exemplaire des oeuvres de Böhme. On ne sait pas si Schlegel a donné suite à cette demande, mais l'on croit savoir qu'à cette époque Schelling a sans doute déjà lu l'*Aurora, oder Morgenrothe im Aufgang*. Cette année-là (1802), fut celle où Schelling élabore son *Bruno, oder über das göttliche und natürliche Princip der Dinge*, suivi de la rédaction de sa *Philosophie der Kunst* (publication en 1859). Ces deux textes montrent bien l'évolution de la pensée schellingienne en liaison directe avec une prise de conscience certaine des concepts böhmiens. En 1804, Karl Joseph Hieronymous Windischmann (1775-1839) offre une édition des oeuvres de Böhme à Schelling (cf. *Lettre du 25 février 1804* à Windischmann). De 1798, date d'arrivée à Iéna, à 1806, date de départ de Würzburg, Schelling a donc déjà parcouru quelques oeuvres de Böhme et d'Oetinger. Or, en 1806, dans son exposé sur la nouvelle philosophie de Fichte (cf. *Darlegung des wahren Verhältnisses der Naturphilosophie zu der verbesserten Fichteschen Lehre*), Schelling déclare ne pas avoir encore étudié sérieusement les mystiques, ni Böhme en particulier : en réalité, dans ses deux *Aphorismes* (cf. *Aphorismen zur Einleitung in die Naturphilosophie* – 1806 – publiés en 1807 – et *Aphorismen über die Naturphilosophie* – 1806 – publiés en 1807), on trouve déjà l'influence de la pensée et du vocabulaire théosophique. De 1806 à 1809, Schelling entreprend une lecture assidue et

l'élaboration de moult représentations communes. Ainsi, les concepts d'une philosophie schellingienne de la nature, de la liberté et du Mal, sont imprégnés de gnose et de mystique spéculative : la *Freiheitsschrift* [7] ne cesse d'y faire référence.

Or, à la lumière de Böhme, la démarche schellingienne est d'abord celle d'une tentative de penser la création, oscillant entre théologie et philosophie. Cette pensée est appelée à s'élever et à accepter la norme de la foi, celle qui accède au Dieu agissant et créateur. À partir de là, Schelling oeuvre en vue de la constitution d'une totalité – celle du cosmos – dans son lien avec la question de la liberté en particulier.[8]

Simultanément, pour l'essentiel, la préoccupation conjointe de Schelling et de Böhme est alors celle d'une réalisation positive du Mal en tant qu'il se manifeste dans la figure inhérente de la volonté humaine. Or il ne s'agit pas de résoudre le fondement et le devenir du Mal à partir d'une série de faits mécanistes ou extérieurs. Au contraire, seule une conscience mystique du Mal peut saisir – avec jaillissement – son origine propre, son accomplissement propre.[9]

En ce sens, le Mal – pour Schelling et Böhme – est la condition même d'une possibilité de la liberté parce que cette

---

sérieuse des traités de Böhme : le résultat en est les *Philosophische Untersuchungen über das Wesen der menschlichen Freiheit und die damit zusammenhängenden Gegenstände* (1809), mais aussi les *Weltalter*, ouvrage très böhmien que Schelling essaye de rédiger de 1811 à 1820. En définitive, à partir de 1820, il se détache des théosophes, bien qu'ils soient encore très présents dans la rédaction de la *Philosophie der Mythologie* (publication en 1857). Par ailleurs, voici quelques repères biographiques sommaires de Schelling : le 27 janvier 1775, naissance à Leonberg, dans le Würtenberg, dans un presbytère protestant. De 1785 à 1790, il fréquente l'école de Nürtingen, puis suit des cours à l'école préparatoire de théologie de Bebenhausen. De 1790 à 1795, Schelling entreprend des études de théologie et de philosophie au Séminaire Protestant (Stift) de Tübingen, aux côtés de Hegel et Hölderlin. De 1795 à 1798, il effectue un séjour à Francfort, puis accepte un préceptorat à Leipzig. De 1798 à 1803, il est nommé professeur de philosophie à Iéna. En 1803, il crée une nouvelle université à Würzburg, et y enseigne jusqu'en 1806. En 1806, il s'installe et enseigne à Munich. Il est membre, puis nommé vice-président, de l'Académie des Sciences. En 1807, à Munich encore, il est nommé président de l'Académie des Beaux-Arts. De 1811 à 1820, il reste toujours à Munich, mais cesse d'enseigner pour se consacrer à ses travaux. De 1820 à 1827, il s'installe à Erlangen et y donne quelques cours. De 1827 à 1840, il revient à Munich, est nommé professeur à l'université nouvellement créée, de même que président de l'Académie des Sciences. De 1841 à 1846, il s'installe et enseigne à l'université de Berlin. En 1846, il quitte l'université, mais continue de vivre à Berlin , avec de fréquents séjours à Munich. Il meurt en 1854, à Bad-Ragal.

[7] *Philosophische Untersuchungen über das Wesen der menschlichen Freiheit und die damit zusammenhängenden Gegenstände* ou les *Recherches philosophiques sur l'essence de la liberté humaine et les sujets qui s'y rattachent.*

[8] Emilio Brito, *La création selon Schelling – Universum*, pages XII et XIII.

[9] Émile Brehier, *Schelling*, de la page 195 à la page 200.

même condition renvoie à la question de l'agir universel de l'être : l'homme met en mouvement la lumière et les ténèbres dans la nature. Il ne s'agit pas ici spécifiquement d'éthique mais d'ontologie. La question du Mal est donc celle qui fonde l'être de l'homme, non pas à partir de suppositions causales ou physiques, mais à partir d'une quête suprasensible de l'homme : il s'agit d'une métaphysique du Mal, c'est-à-dire d'une métaphysique de l'homme.[10]

Mais au préalable, il semble d'abord nécessaire d'expliciter l'hérédité intellectuelle et spirituelle entre le réformateur Martin Luther et Böhme parce qu'elle donne à penser ce qui se pose ici comme la marque effective d'un emboîtement intellectuel pertinent, et ce pour une raison fort simple mais éclairante : Böhme et Schelling sont des luthériens imprégnés en toute conscience de culture et de tradition luthériennes. Ainsi, évoquer Luther c'est tenter de déceler quels sont les principes de sa théologie qui ont pu imprégner la mystique böhmienne puis la pensée spéculative de Schelling.

Le résultat en est que Böhme et Schelling sont incompréhensibles sans Luther. Cette filiation trinitaire est alors essentiellement celle d'une pensée en un seul mouvement : l'on part de l'idée de la mort de Dieu, pour aboutir à la co-responsabilité de l'homme et de Dieu quant au Mal. Il ne s'agit donc pas là d'un enchaînement formel.

---

[10] Martin Heidegger, *Schelling – Le traité de 1809 sur l'essence de la liberté humaine*, page 170. Voir aussi : Denis Rosenfield, *Du mal – Essai pour introduire en philosophie le concept du mal*, pages 81 et 82.

I
Luther et Böhme

1. Böhme contre Luther ?

La pensée de Böhme, très marquée par les sources les plus diverses[11], est donc la manifestation même d'une intégration et d'une réelle compréhension de l'intelligence luthérienne. Et au-

---

[11] Les sources de Böhme sont d'une très grande richesse : il est très marqué par son époque, par sa région, et est orienté par les bouleversements de la Réforme de la même manière qu'il est conduit par les diverses traditions dites mystiques et hermétistes. Mais Réforme et hermétisme ne se distinguent pas d'une façon radicale : ces deux courants se croisent souvent, et se rencontrent même parfois. Ils ont à voir l'un avec l'autre, et Böhme en est un exemple fameux. Soulignons que Böhme a pu, grâce à de nombreuses connaissances, accéder à des connaissances, à des lectures, difficiles d'accès pour quelqu'un qui, de par sa position sociale, n'avait point les moyens de suivre une haute instruction. Ces amis-là – Balthazar Walter par exemple – lui sont d'un grand secours : Pierre Deghaye nous rapporte que « *Leur position sociale leur garantissait une certaine liberté sur le plan des idées religieuses. Dans ces pays luthériens, les nobles, quand ils étaient pieux, pouvaient en prendre à l'aise avec le dogme. Ils pouvaient se permettre d'approfondir leur foi en se plaçant hors du commun. Ils constituaient une petite aristocratie spirituelle dont Böhme, homme du peuple, a dû subir l'ascendant en même temps qu'il s'imposait à elle.* » (un extrait de l'introduction à l'ouvrage *De signatura rerum*, page 9). Aux dires de Böhme, son oeuvre trouve sa source d'inspiration au fond de lui-même. En fait, nous ne savons pas exactement quels sont ses influences, ses fréquentations, ses lectures, cependant que les commentateurs nous fournissent quelques pistes. Alexandre Koyré nous dit que : « *Böhme nomme dans ses* Lettres : *Paracelse, Schwenkfeld, Weigel, le livre alchimiste :* Wasserstein der Weisen. *Schwenkfeld et Weigel ne sont nommés que pour être critiqués. (...).* » (*La philosophie de Jacob Boehme*, note n°2, page 39). Il rajoute: « *(...) celui qui a écrit la* Signatura rerum, *le* Weg zu Christo, *et le* Mysterium Magnum *connaît et Paracelse, (...), et Schwenckfeld, et Weigel, a lu les alchimistes, les astrologues et les mystiques.* » (*La philosophie de Jacob Boehme*, page 39). De plus : « *(...) les médecins paracelsistes et alchimistes (...) voient, avec raison d'ailleurs, dans la personne et la doctrine du théosophe le terme d'un mouvement issu de Paracelse.* » (*La philosophie de Jacob Boehme*, page 44). Ce sont les biographes de Böhme, guère neutres d'ailleurs quant à leur appréciation de ses influences, qui nous renseignent sur les influences effectives de Böhme : Abraham von Frankenberg en est un exemple fameux. Il fut le premier biographe du silésien. Très orienté, il invente un certain nombre d'éléments afin d'entretenir la légende de Böhme. Consulter son ouvrage : *De vita et scriptis Jacob Böhmes*. Voici, par ailleurs, quelques personnalités qui ont influencées Böhme : - Caspar von Schwenckfeld (1490-1561) : c'est dans les milieux schwenckfeldiens que les premiers adeptes de Böhme se rencontrent. - Valentin Weigel (1533-1588) : les commentateurs croient savoir que Böhme a lu Weigel. - Maître Eckhart (1260-1327) : une lecture certaine de Böhme. - Jean Tauler (÷1301-1361) : élève de Maître Eckhart, il influence beaucoup Scwenckfeld et Weigel. Böhme est absolument sensible à sa théologie. - Martin Luther (1483-1546), auquel nous reviendrons longuement : la mystique du XVIè siècle a pour creuset les milieux luthériens, quoique Luther y est radicalement opposé. Il s'y est intéressé parce qu'elle propose l'abandon à Dieu, sans l'intermédiaire d'une hiérarchie ecclésiastique, mais s'en est méfié parce qu'elle a une tendance à élever l'homme au rang du principe divin. - Balthazar Walter (mort en 1625) : il fait la connaissance de Böhme en 1617 et est l'un de ses meilleurs amis. Il influence beaucoup Böhme et contribue à la propagation de ses écrits. - Paracelse (1493-1541) : médecin et alchimiste suisse, il enseigne la médecine à Bâle, mais peu de temps, car son enseignement est pour le moins révolutionnaire pour l'époque. Il donne ses cours en allemand (ce qui est impensable à ce moment-là) et critique les pensées d'Avicenne et de Galien (qui ont toute autorité en matière médicale). Il passe de ville en ville, dont Strasbourg et est régulièrement chassé pour ses propos ou son comportement. Sa conception de la médecine intègre les principales théories alchimistes, en particulier celles qui concernent les correspondances entre le microcosme (l'homme) et le macrocosme (l'univers). Böhme, dans son système, est considérablement influencé par Paracelse : il utilise son vocabulaire et ses principes, et n'hésite pas à introduire sa théorie des signatures.

delà des généralités extérieures liées au luthérianisme[12], Böhme se pose avant tout en face de la personne morale de Martin Luther. Il n'est pas possible ici d'en faire l'analyse complète – la question est trop vaste – cependant il semble pertinent de montrer ici ce qui chez Böhme est puisé dans la théologie du Réformateur, malgré ce qui s'y oppose, lui-même ayant attiré l'ire des pasteurs luthériens contemporains du vivant de sa pensée. Il ne s'agit certes que de quelques éléments doctrinaux qui manifestent assez justement le lien ou la distance ; or contrairement aux apparences, il se pose là bien plus de points communs que d'antagonismes.

2. La colère de Dieu.

Marc Lienhard[13] a montré en quoi, en dehors du Christ, Dieu est colère. Cette affirmation luthérienne[14], clef de la pensée Böhmienne, est justifiée principalement de deux façons :

Premièrement, Dieu est justice. Toute chose qui va contre cette justice provoque sa colère.

Deuxièmement, Dieu se pose comme seul et unique. Toute atteinte à cette unicité provoque sa colère : il est jaloux lorsque l'homme accorde sa confiance en d'autres dieux ou idoles, ou encore affirme son inexistence.

---

[12] Il ne s'agit pas ici d'établir une biographie de Jacob Böhme, mais rappelons simplement qu'il est né, et a été élevé, en terre luthérienne, à Görlitz (en Saxe). Il va à l'école, apprend à lire et à écrire. Il fréquente la *Stadtschule* de Seidenberg, une école de bonne réputation, y apprenant même les rudiments du latin. Tout au long de son éducation et de son apprentissage, Böhme, en bon luthérien qu'il est, acquiert alors une profonde culture biblique : d'ailleurs sa connaissance de la Bible, celle de Luther, est le résultat d'une lecture approfondie et assidue. Sa pensée – nous le verrons – en subit les conséquences. Très sensible également aux prédications pastorales, Böhme développe sa pensée par le vecteur de la réflexion luthérienne, pour s'en accommoder, puis pour s'en détacher très vite, affecté qu'il est par les divisions de l'Église : il n'a jamais vraiment supporté ces querelles. Celles-ci ne divisent pas seulement les Papistes et les Protestants, ni exclusivement les Calvinistes et les Luthériens, mais également les luthériens entre eux. Böhme, lui, ne rêve que d'unité de l'Église Universelle, sous l'unique bannière de l'Esprit-Saint. Il s'oppose donc – de ce point de vue – au luthérianisme. Par ailleurs, il ne supporte guère le formalisme des rites des offices et trouve encore plus insupportable toute approche intellectuelle du divin (Jacob Böhme, *De signatura rerum*, chapitre 1, § 2). Au final, Böhme restera toujours méfiant à l'égard de la théologie : il se méfie de cette volonté de déterminer la vérité de Dieu par le moyen de la rhétorique, du raisonnement. C'est en cela qu'il est sensible à l'hermétisme : c'est là un chemin, difficilement praticable certes, mais qui offre une dimension mystique, et donc, pour Böhme, de réelle compréhension et perception de Dieu.

[13] Marc Lienhard, *Au coeur de la foi de Luther* : *Jésus-Christ*.

[14] Bien entendu, on ne la trouve pas seulement chez Luther.

Cette justification n'est certes pas celle de Böhme – ni celle spécifique à Luther – qui attribue plutôt la colère de Dieu à la nécessité dialectique de la Création.

Luther, lui, force suffisamment le trait pour que l'on puisse affirmer que Dieu et Satan sont absolument et entièrement la même personne. Et il n'hésite pas à affirmer que la colère de Dieu laisse toute liberté à Satan :

> « *En dehors du Christ, la nature ne peut voir en Dieu ni obtenir aucune grâce ni aucun amour, de même qu'en dehors de lui il n'y a que pure colère et damnation.* »[15]

Henri Blocher[16] note que dans l'esprit des Réformateurs, le Mal se déploie cosmiquement et qu'il s'organise sous la forme d'un royaume régi par Satan. Mais il n'y a pas chez eux la démonstration d'un dualisme radical[17]: les puissances du Mal ne sont que des créatures.[18] Luther pose même que le diable reste le diable de Dieu, et affirme que Dieu – celui de la loi, de l'absolu – entre en contact dans ce monde par l'effet du Mal. Dieu conduit l'homme au désespoir, sans lequel l'homme ne pourrait connaître la jouissance et la consolation de la foi.

En dehors du Christ, Dieu peut donc être identifié au diable, en tous les cas au maléfique et à la colère.

Et l'enfer est alors la figure de l'éloignement de l'amour de Dieu : ce dernier est donc présent, mais tourné vers la colère. Cette ambiguïté – plus qu'une ambiguïté, cette certitude – de Luther, Böhme l'hérite, la travaille et la pense sans cesse, en est gêné, puis en fait la figure nécessaire de la dialectique qui seule peut expliquer le Mal. Là encore, Böhme est donc encore très proche de Luther : en dehors du Christ, l'amour de Dieu n'existe pas ; le Christ met l'homme à l'abri de la colère de Dieu. Ou, pour le dire autrement : Dieu lui-même est poussé

---

[15] Martin Luther, *Luthers Werke – Kritische Gesamtausgabe*, cité par Marc Lienhard, *Au coeur de la foi de Luther : Jésus-Christ*, page 28.
[16] Henri Blocher (avec la collaboration d'Olivier Abel), *L'Encyclopédie du protestantisme*, dans un article intitulé *Le mal*, page 929.
[17] Ce qui serait davantage une position gnostique et même böhmienne.
[18] Le livre des Romains, chapitre VIII, verset 38, par exemple.

dialectiquement par l'arrachement à la colère via le Christ comme accomplissement de la volonté divine de l'amour.

3. La Croix, la mort, la Résurrection.

Pour Luther – de même que pour Böhme – le Christ, à la fois homme et Dieu[19], n'est la manifestation effective de ce Dieu que par la figure de la souffrance : le Christ – lui-même amour de Dieu – par la Passion, la Croix, et la mort, fait véritablement l'expérience de l'abandon de l'amour de Dieu, de même qu'il fait l'expérience de sa colère. Il traverse l'épreuve terrifiante de l'effroi :

> Le Christ est « *(...) le plus infime et le plus méprisé, au point de ne pas pouvoir descendre davantage. Et il n'y a pas eu d'autre homme qui fût descendu plus bas que lui (...), car il s'est abaissé à la profondeur la plus extrême, sous la loi, sous le diable, sous le péché et l'enfer. C'est, je crois, la profondeur dernière et extrême.* »[20]

Le Christ subit donc la colère de Dieu, sans être lui-même pécheur, et il faut qu'il soit véritablement Dieu pour que tout ceci ait du sens :

> « *Si le Christ était seulement homme (...), sa souffrance ne servirait de rien, car aucune souffrance humaine n'a pu surmonter mon péché ni le tien, ainsi que la mort, la puissance du diable, la colère de Dieu et la perdition éternelle. C'est pourquoi il fallait qu'il fût Dieu.* »[21]

Et là encore, Böhme et Luther sont à l'unisson. Et ils le sont encore d'avantage à travers l'idée que cette mort du Christ préfigure la nôtre à travers le baptême : la mort du Christ est le tombeau de l'homme, mais sa Résurrection entraîne – par le baptême – notre résurrection. La Passion, la mort, et la

---

[19] Il s'agit de la doctrine théologique universelle – par-delà toute confession chrétienne, à l'exception de certains courants marginaux des premiers siècles qui n'ont que peu ou pas traversé l'histoire – de la double substance ou de la double nature du Christ.

[20] Martin Luther, *Luthers Werke – Kritische Gesamtausgabe*, cité par Marc Lienhard, *Au coeur de la foi de Luther* : *Jésus-Christ*, page 91.

[21] Martin Luther, *Luthers Werke – Kritische Gesamtausgabe*, cité par Marc Lienhard, *Au coeur de la foi de Luther* : *Jésus-Christ*, page 127.

Résurrection nous entraînent à l'identique expérience de la mort de Dieu : Dieu pour être Dieu doit passer par sa propre négation ; par la mort, le Christ a affronté la colère de Dieu ; l'amour de Dieu tue la colère de Dieu ; Dieu nie une partie de lui-même. Et l'homme, pour être homme véritable, doit passer par cette propre négation.

C'est dans cette perspective, que Marc Lienhard souligne cette idée que la Croix du Christ est la réalité même du Dieu vivant et agissant

> « *(...) qui se cache sous son contraire, qui fait mourir pour faire vivre, qui abaisse pour élever. La Croix montre que Dieu n'affirme sa puissance qu'à travers la faiblesse, sa grâce à travers la colère, ses bienfaits à travers les malheurs et les plaies.* »[22]

4. La nature de Dieu.

Premièrement, Luther ne s'intéresse pas à l'essence de Dieu. Elle s'affirme dans les oeuvres, principalement celles du Christ, et non pas dans des considérations abstraites, intellectuelles ou métaphysiques : principe sur lequel Böhme est entièrement d'accord.[23]

Deuxièmement, Luther pose que Dieu ne se détermine pas seulement dans les origines : il est présent et créateur à toute époque. Böhme ne conteste pas cela, cependant il estime qu'il est essentiel de se pencher sur les origines – la prime origine du néant, l'*Ungrund*, le fond sans fond – afin de mieux saisir ce Dieu révélé d'aujourd'hui.

Troisièmement, pour Luther – comme pour Böhme – il ne faut pas avoir une vision panthéiste de Dieu cependant qu'il est une présence agissante dans la création : Dieu est inexprimable et ne peut être exprimé qu'à travers le Christ.

---

[22] Marc Lienhard, *Au coeur de la foi de Luther: Jésus-Christ*, page 99, à partir de la ligne 29.

[23] Jacob Böhme, *De signatura rerum*, chapitre 1, § 2. Sur ce point, il serait intéressant d'étudier l'évolution de cette position luthérienne : il faudrait déterminer comment, par la suite, un certain protestantisme est devenu le (l'un des) fondateur(s) de l'exégèse historico-critique, manifestant par là une démarche parfaitement intellectuelle et scientifique, et non plus émotive ou émotionnelle. Il s'agit-là d'une rupture entre science et foi (qui d'ailleurs, de notre point de vue personnel, sont complémentaires et non pas contradictoires).

5. Le Salut.

Rappelons la position de Luther.[24] Il part du principe que le Christ nous sauve du péché en remportant la victoire sur la mort. Son sacrifice est le garant de cette victoire. C'est par cette mort et cette Résurrection que l'homme est réconcilié avec Dieu. Cet événement – voulu librement et non nécessairement par Dieu – est la seule possibilité de sauver l'homme : le Christ a choisi de souffrir la colère de Dieu, d'une part pour révéler l'amour de Dieu et d'autre part parce qu'il aime les hommes.

Et là encore, Luther et Böhme se confondent : l'homme véritable n'existe que par le Christ. L'homme se confond en lui[25], Luther dirait « *en se détournant de soi-même pour se porter vers lui-même* », Böhme disant « *en se détournant de sa volonté propre pour se porter vers la volonté divine* »: or, du point de vue de la liberté, il va se poser là une différence très importante entre Luther et Böhme. Pour la déterminer, il nous faut traiter de l'affaire du Salut par la foi. Lisons Luther :

> « *Il est avant tout nécessaire et salutaire pour le chrétien de savoir que la prescience de Dieu n'est pas contingente, mais qu'il prévoit, décide et fait tout en vertu de sa volonté immuable, éternelle et infaillible. Ce coup de foudre abat et réduit en poudre le libre arbitre ; c'est pourquoi ceux qui affirment le libre arbitre doivent nier ce coup de foudre, ou de dissimuler, ou l'écarter d'une manière quelconque.* »[26]

Luther ne peut considérer les actes des hommes comme seuls référentiels quant aux principes du Bien et du Mal, du Salut et du péché.

Dieu – pour Luther – ne se pose pas seulement en considération de l'acte humain, nous l'avons vu, mais aussi – le contraire serait étonnant – en considération de son intériorité : c'est pourquoi, derrière la transgression ou l'observation de la Loi, se cache avant tout le principe du « péché originel », c'est-

---

[24] Jacob Böhme y souscrit.

[25] Mais selon Luther (et contrairement à Böhme), sans pour autant que l'homme puisse devenir le Christ : cette différence fondamentale entre Böhme et Luther sera examinée plus loin.

[26] Martin Luther, *Du Serf Arbitre*, page 34.

à-dire ce qu'il y a à éradiquer : il s'agit là de la seule finalité de ce dépassement opéré par le Christ en entrant dans la mort.

Pour combattre le péché, la morale de l'agir humain est donc totalement insuffisante : seule la justice du Christ – Dieu lui-même fait chair, Dieu lui-même mort – est à même d'y répondre. Il s'agit là d'une justice dite « étrangère », car elle n'est pas liée aux oeuvres des hommes, mais ne peut être accordée que par la foi et le baptême.

Jean-Edouard Spenlé[27] a rappelé combien, selon Luther, il n'est pas possible à l'homme d'être « justifié », c'est-à-dire qu'il ne lui est pas possible de déterminer son Salut par les œuvres : le péché ne réside pas dans la transgression particulière, mais ne fait que révéler un état permanent de dérèglement lié à la Chute, c'est-à-dire un Mal radical intrinsèque à la nature divine. Luther pose donc que ce ne sont pas les oeuvres bonnes qui font l'homme bon, mais que c'est l'homme bon qui fait les oeuvres bonnes. De même, ce ne sont pas les mauvaises œuvres qui font l'homme mauvais, mais c'est l'hom-me mauvais, qui fait les œuvres mauvaises.

Marc Lienhard souligne l'essentialité de cette « justification par la foi » : seul le Christ nous sauve, peut importe les oeuvres des hommes comme justification devant Dieu. Seule la foi justifie, mais cela ne signifie pas que l'homme n'a pas à accorder de l'importance aux œuvres : simplement, l'amour du Christ nous entraîne dans les oeuvres et non l'inverse. Lisons Luther :

> « *Oh que c'est une chose vivante, agissante, active, puissante que la foi, et il est impossible qu'elle n'opère sans cesse le bien. Elle ne demande pas s'il y a de bonnes oeuvres à faire, mais avant qu'on le lui ait demandé, elle les a déjà faites et est toujours en action.* »[28]

[27] Jean-Édouard Spenlé, *La pensée allemande de Luther à Nietzsche*.

[28] Martin Luther, *Werke*, cité par Marc Lienhard, *Au coeur de la foi de Luther* : *Jésus-Christ*, page 227.

Böhme est ici absolument en accord avec Luther : du point de vue de l'intériorité, l'homme est dans le péché en raison de l'acte originel de la Chute ; l'homme ne peut être sauvé que par la foi véritable en Christ, seul chemin possible du Salut. L'état de péché, corruption de l'âme, pose que l'homme ne peut se disculper face à Dieu par sa volonté propre, ou par les oeuvres. Il ne peut être sauvé que par la grâce et la foi, sans qu'aucune autorité extérieure le fasse à sa place : la fonction médiatique de l'Église est donc inutile.

En effet, toute hiérarchie, tout intermédiaire, toute autorité, entre Dieu et l'homme n'a pas de sens d'un point de vue spirituel : la démarche que Luther et Böhme revendiquent pour le croyant est celle d'entrer directement en rapport avec Dieu sans aucun intermédiaire humain. L'homme singulier, par la foi, entre directement dans un rapport responsable avec Dieu, sous l'unique autorité de l'Écriture.

Cette démarche est primordiale parce que Böhme considère – nous l'avons vu – la responsabilité de l'homme par le libre-arbitre comme le noeud central de sa doctrine. En ce sens, il est proche de la thèse luthérienne du Salut par la foi qui consiste pour Böhme à ne pas réduire la responsabilité personnelle de l'homme. Luther pose que la Grâce ne dépend pas de l'individu : la démarche salvatrice du Christ est un cadeau gratuit de Dieu vers l'homme.

Or, c'est là qu'intervient la rupture entre Luther et Böhme.

Pour Böhme, l'homme est libre de son Salut, de sa perte. C'est donc à l'homme d'aller vers le Christ, ce dernier ayant déjà fait le pas de la Grâce vers l'homme par la Résurrection. L'homme est libre, vraiment libre, d'aller vers le Christ ou de le refuser. Certes, s'il ne va pas vers le Christ, il est perdu.

Pour Luther, l'homme n'est pas libre d'aller ou non vers le Christ. L'homme n'a pas la foi par une opération de sa volonté, l'homme n'a la foi que selon l'opération de la Grâce du Christ. Il y a là un mystère : la foi ne dépendant pas de l'individu, mais du Christ. Comment comprendre le destin de l'homme qui ne semble pas être libre d'être sauvé ou non?

Ce point de la théologie luthérienne est pour le moins déconcertant pour le geste böhmien : pour Böhme, seule la soumission de la « volonté propre » à la « volonté divine », donc selon le principe unique d'une volonté humaine, peut entraîner le Salut de l'homme. L'homme est responsable devant le Christ.

6. La Résurrection comme régénération de la totalité de l'univers.

En dehors de cette affaire de la liberté humaine face au Salut, on peut affirmer que la christologie de Böhme est vraiment très proche d'une dimension luthérienne affirmée : en particulier quant à l'interprétation de la figure du Christ comme Dieu incarné.

Cependant – et manifestement il diffère là encore de Luther – Böhme ne réduit pas la démarche du Christ en une satisfaction accordée à la justice divine. Le Christ n'a pas uniquement racheté l'humanité, il a fait bien plus : le Christ a accompli la tâche inachevée d'Adam en reconstituant l'ordre de l'univers, le rendant ainsi à Dieu. Là où Luther semble accorder une influence christique en ce monde, c'est-à-dire en l'homme uniquement, Böhme n'hésite pas à étendre cette influence à toute la dimension physique et spirituelle de l'Univers. Il s'agit là d'une dimension gnostique que n'intègre pas Luther. Pour Böhme, la Résurrection a donc opéré la régénération totale de ce monde, même si ce n'est que l'homme seul qui puisse la rendre effective.

7. Identification possible ou impossible entre l'homme et le Christ.

Un autre élément encore marque une distanciation entre Böhme et Luther : pour Luther, le Christ est unique, et son action de même. L'homme peut aimer, imiter le Christ, mais ne saurait s'identifier totalement avec lui, car cela serait s'identifier avec Dieu.

Or, pour Böhme, chaque être humain, par l'imitation mystique et effective du Christ, peut devenir le Christ. Le véritable alchimiste est celui qui parvient à la transmutation : il est celui qui, par l'anéantissement de sa volonté propre, renonce à son « moi », c'est-à-dire à ce qui sépare le monde de Dieu, et donc se fond en Christ, c'est-à-dire Dieu. Contrairement à Luther donc, Böhme affirme que l'homme peut devenir Dieu par la seule volonté propre qui le mène à cette identification :

> « *Il faut que Dieu se fasse homme et que l'homme devienne Dieu.* »[29]

[29] Jacob Böhme, *De signatura rerum*, chapitre 10, § 48.

II
Böhme et le problème du Mal

1. La scission en l'unité, le Dieu en devenir et la création.

Un principe décisif : il n'y a pas de panthéisme chez Böhme. La nature éternelle, comme création, est le corps ou l'image de Dieu, mais la nature extérieure n'est pas le corps de Dieu.

> En effet, « *Dieu est esprit (...). La nature est son corps, entendez la nature éternelle. Quant à la nature extérieure, celle du monde visible, du monde sensible, elle est la figure et l'émanation des deux principes du mal et du bien (...).* »[30]

Expliciter le système de la nature selon Böhme suppose donc une stricte distinction entre celle-ci et Dieu. Soupçonné de panthéisme par ses adversaires, il récuse toute accusation en ce sens :

> « *Réfléchis et abstiens-toi de me blâmer. Je ne dis pas que la nature soit Dieu.* »[31]

Car si le monde extérieur était le corps de Dieu, Dieu serait imperfection.[32] Certes, Dieu est bel et bien créateur de ce monde, c'est une évidence, mais il demeure libre : il n'a pas créé ce monde par besoin, ni par nécessité d'aiguiser sa propre perfection[33], mais

> « *(...) bien pour se révéler dans l'épanouissement de sa joie et dans le resplendissement de sa gloire. Non pas que la joie de Dieu n'ait pas existé auparavant! La joie régnait de toute éternité dans le grand mystère. Cependant elle ne rayonnait que dans le jeu des pensées divines. La création est né de ce jeu. Elle est l'instrument conçu par l'Esprit pour le plaisir du jeu. Elle est un concert formé d'innombrables voix toutes accordés pour une même célébration.* »[34]

---

[30] Jacob Böhme, *De signatura rerum*, chapitre 3, § 7.
[31] Jacob Böhme, *De signatura rerum*, chapitre 8, § 46.
[32] Alexandre Koyré, *La philosophie de Jacob Böhme*, page 417, ligne 5 et suite.
[33] Alexandre Koyré, *La philosophie de Jacob Böhme*, page 417, ligne 6 et suite.
[34] Jacob Böhme, *De signatura rerum*, chapitre 16, § 2.

Ce refus du panthéisme, chez Böhme, est donc constitutif quant à la détermination de l'être de Dieu par sa filiation avec l'être de ce monde : il s'agit donc de clarifier la disposition du Dieu vivant dans son lien de proximité et de distance avec celle de la nature extérieure. D'un point de vue ontologique, la création[35] est alors le composant fusionnel d'un double état de la nature : la « nature extérieure » d'une part, en ce sens, le lieu de l'être et du devenir des lois de la physique ; et la « nature éternelle » d'autre part, en ce sens, le lieu suprasensible, celui donc de l'esprit. La nature éternelle, elle-même créée, est le corps ou l'image de Dieu. Tel n'est pas le cas de la nature extérieure : elle ne saurait se formuler en tant que corps de Dieu parce que la figure de Dieu – je le répète – est associée à celle de l'esprit. C'est pourquoi la nature éternelle en est son seul corps : la nature extérieure n'est que la figure de l'émanation des principes du Bien et du Mal.[36]

Par ailleurs, pour Böhme, chaque être est lui-même son propre centre : il est autonome et Dieu ne se fond point en lui.[37] La nature extérieure est une dérivation. Dieu est donc présent dans le monde – immanent au monde – sans se fondre dans le monde : il s'agit d'articuler l'établissement d'une destinée du Dieu de l'immanence avec le possible maintien d'une autonomie de l'être de ce monde – et de l'homme en particulier – face à l'être divin, et cela dans la perspective d'un système de la liberté.

L'objet du monde se situe à partir de l'idée d'une nature créatrice en devenir. Ce devenir créateur de la nature est un principe nécessaire en vue de l'affirmation de la liberté. Ce principe est nécessaire parce qu'il atteste la proximité et la distance entre les trois constituants de l'être : Dieu, l'homme, et la nature. Or Böhme récuse également toute idée d'une création *ex nihilo*. Dieu, pour faire surgir ce monde dans le temps – lui faisant statuer ainsi de l'existence – ne le pouvait tirer de rien

---

[35] Voici les principaux éléments d'une conception böhmienne de la création : voir l'annexe I.

[36] Jacob Böhme, *De signatura rerum*, chapitre 3, § 7

[37] Alexandre Koyré, *La philosophie de Jacob Böhme* : L'« *(...) enfant est engendré par sa mère, ce qui ne l'empêche nullement d'être quelque chose en soi, de posséder un être propre, indépendant de celui de sa mère, et une essence déterminée, qui lui est propre (...). Il est lui-même et en lui-même une source de force, un* Centrum *dynamique.* »

d'autre que de lui-même, puisque précisément, tout « autre » que lui-même n'existait pas.[38] En ce sens, l'acte créateur böhmien n'est pas un « ordre » de la volonté divine, car un ordre s'adresse nécessairement à quelqu'un, à quelque chose. La création est donc plutôt l'acte d'un « puiser », d'un « surgir ». Et l'on puise nécessairement dans quelque chose, l'on fait à partir de quelque chose. Dieu opère la manifestation de ce monde par un arrachement. Il « rompt » avec sa propre nature, et par là, « puise » dans sa nature propre. Cette rupture en lui-même est la condition nécessaire d'une possible manifestation de l'altérité.[39]

Par le principe de la division, Dieu – à la fois comme éternel commencement et finalité éternelle[40] – est donc au fondement de ce monde. Il en est aussi le dénouement. Et par le principe de la « volonté » et du « désir », l'entrée en création est alors « révélation » à partir du « rien » dans le « quelque chose ».

2. Nécessité et non-nécessité du Mal.

Böhme soutient que la création apparaît avant tout comme le résultat de l'impulsion divine réalisée dans la signature des choses, de toutes les choses : la signature est donc la figure de l'expression du tout en tant qu'amour et colère. Cette impulsion suppose un « laisser aller » de Dieu, un « laisser faire » par le *fiat* [41] : Dieu n'agit pas lui-même, il n'est pas lui-même saisi ici par la notion de choix et de délibération.[42] Il se donne donc à voir ici le jaillissement spontané exprimé par le *fiat* à partir duquel toutes les forces s'expriment et donc s'opposent, s'associent, puis s'opposent à nouveau, et ainsi de suite...

---

[38] Jacob Böhme, *Sex puncta theosophica*, chapitre 2, § 16 : « *La raison dit : que Dieu a créé ce monde de rien. Réponse. Il n'y avoit pour cela ni substance, ni matière qui fût saisissable extérieurement; mais il avoit une forme semblable dans l'éternelle puissance en volonté.* »

[39] Jacob Böhme, *De signatura rerum*, chapitre 3, §41 : « *(...) l'âme éternelle s'est révélée dans la totalité de la création, depuis la majesté suprême jusqu'au dernier degré de l'échelle des êtres, jusqu'au plus noir des ténèbres. Avec son soleil, les astres, les éléments, avec toutes les créatures, sans exception, ce monde est la révélation de l'éternité, de la volonté éternelle, de l'âme éternelle.* »

[40] Jacob Böhme, *De signatura rerum*, chapitre 3, § 1.

[41] Jacob Böhme, *De signatura rerum*, chapitre 9, § 3. Le *fiat* est l'effectivité créatrice du jaillissement.

[42] Jacob Böhme, *Mysterium Magnum*, chapitre 61, § 64.

Ces forces sont alors celles de l'affrontement des contraires, le Bien et le Mal, les ténèbres et la lumière. Par conséquent, à partir de l'événement de la Chute[43], se pose alors le problème de la causalité du Mal : l'oeuvre de Böhme est le théâtre douloureux de deux positions contradictoires en toute apparence.

La première pose un Dieu absolument bon – c'est-à-dire la figure du Bien absolu, manifestée dans le monde terrestre et céleste, la nature étant la force révélée ou la signature de ce Bien absolu – avec un principe du Mal dont Dieu n'est pas responsable, et présent dans ce monde par l'événement de la Chute sur le mode de l'accident irrationnel et contingent.[44] De ce point de vue, le Mal est un accident néfaste et apparemment hors de toute logique divine puisque Dieu est censé n'être qu'amour.

La seconde pose un Dieu en tant qu'essence du tout de la nature terrestre et éternelle au sens où ne se donne pas uniquement sa lumière, mais se donne aussi sa colère, c'est-à-dire la dimension sombre ou ténébreuse de la création.[45] Le « non » prend place aux côtés du « oui », tout autant et positivement réel.[46] De ce point de vue, le Mal est nécessaire puisque la confrontation des contraires est la condition de possibilité indispensable à l'être au monde, c'est-à-dire à toute ontologie.

Il est donc difficile pour Böhme d'accepter une responsabilité de Dieu quant au fondement du Mal, puis quant à

---

[43] Relire (ou lire) le livre de la *Genèse*.

[44] Cette tendance est très présente dans le *Mysterium Magnum* (chapitre 61, § 65) où le Mal a pour origine la volonté qui se veut opposée à celle de Dieu.

[45] Il s'agit là de la tendance de la *De signatura rerum* (chapitre 8, § 7 et chapitre 9, § 52)

[46] Cela, selon Alexandre Koyré, de deux manières (*La philosophie de Jacob Böhme*, pages 422 et 424) : « [Premièrement, en tant qu'exemple,] *(...) la flamme détruit le corps; toutefois, les salamandres y vivent, elle est donc « bonne » pour elles. Le fiel est « bon », puisqu'il est nécessaire à la vie, et le poison est bon pour l'être qui en vit et s'en nourrit.* [Mais, deuxièmement,] *Le mal, en tant que mal (souffrance actuelle) provient d'une « dislocation », (...); il est, pour ainsi dire, relatif à l'être déterminé; il est la punition de l'être qui « n'est pas à sa place » dans l'Univers. L'Univers se présente alors comme possédant plusieurs modes d'être, plusieurs étages. Ténèbres ardentes, lumière caressante et leur mélange: ces trois régions expriment dans leurs modes d'être, toutes trois, l'essence unique et éternelle de la Divinité.* » En ce sens donc, « *(...) l'opposition interne de la pensée de Böhme: Dieu doit, d'une part, se révéler et se manifester de toutes les manières possibles. D'autre part, un certain nombre de ces manifestations sont loin d'être nécessaires ou positivement voulues par Dieu.* » Voir aussi : Jacob Böhme, *De signatura rerum*, chapitre 8, § 46.

l'effectivité de l'apparition du Mal dans ce monde : Böhme ne veut en aucun cas admettre la seule nécessité du Mal comme une dimension indispensable à l'Être. En effet, toute tentative possible de déresponsabilisation de Dieu doit être entreprise[47] : toute l'oeuvre böhmienne est alors une tentative délicate et douloureuse de conciliation de ces deux positions, et ceci, à l'égard d'un souci de thématisation critique et réflexive du Mal.

Le résultat en est – premièrement – qu'en tant que figure « ontologique », cause première et dernière, absolue et créatrice, Dieu ne peut être, certes, qu'à l'origine du tout et donc du Mal : aucune réalité ne saurait nier sa manifestation, sa révélation propre.[48] On parle alors d'avantage de « négativité ». Mais – deuxièmement – en tant que figure « morale », figure de la bonté et de l'amour, Dieu ne saurait être que « dans » et « par » la lumière, ignorant ainsi les ténèbres et le Mal.[49]

De ce fait, comprendre et accepter la nécessité du Mal suppose que la création soit le lieu du choix et donc de la liberté : elle doit être posée comme une tentative de conciliation entre nécessité et non-nécessité du principe de la négativité.

Et au-delà d'une nécessité ontologique et dichotomique du Mal – qu'il va falloir accepter – il doit y avoir alors « Chute ». Ce monde – malade et corrompu – est également le produit d'un acte contingent d'une créature à la fois spirituelle et terrestre : l'homme.

3. Dieu et l'homme.

Böhme formule un rapport très étroit entre l'homme et Dieu. La seule véritable « foi », mais aussi la seule véritable « connaissance » de Dieu, ne peuvent être considérées qu'à travers la réalisation suivante : c'est l'esprit qui révèle la signature de Dieu en l'homme. Cette révélation de la signature qu'opère l'esprit dans l'homme est une description de l'esprit comme de ce qui, d'une part, émane de Dieu, et qui, d'autre part,

---

[47] En vain, car la *De signatura rerum* est la démonstration que Dieu a des comptes à rendre à l'homme.

[48] Jacob Böhme, *Mysterium Magnum*, chapitre 43, § 4.

[49] Jacob Böhme, *Mysterium Magnum*, chapitre 29, § 9.

pénètre le monde. C'est au cours de cette opération de la signature que l'esprit se manifeste dans le monde.[50]

L'univers terrestre se pose alors comme l'ultime manifestation de la multitude conflictuelle et associative : il est posé comme le curieux intermédiaire entre le Paradis et l'Enfer. Il est situé comme le lieu de la rencontre des contraires. Et de même que les anges sont les créatures du Paradis, et de même encore que les démons sont les créatures de l'Enfer, et qu'alors anges et démons sont investis du caractère même de leur milieu, il est établi que l'homme est – par excellence – la créature intermédiaire du monde terrestre au sens où il se pose alors comme la figure primordiale de la confrontation des principes du Bien et du Mal.

L'homme est « image » de Dieu : il se révèle en tant que seul être – avec Dieu – intégrant réellement la dichotomie essentielle et existentielle du Bien et du Mal, et y exprimant par là ses résolutions. Et par le principe essentiel du « choix », l'homme est donc en mesure de déterminer sa destinée dans l'un ou l'autre lieu terrestre ou d'éternité.

Dieu est ainsi le modèle de la signature dans l'âme humaine. Selon Böhme, l'homme en révèle d'ailleurs le devenir : il considère que dans l'âme humaine, le modèle de la signature est Dieu. En fait, l'homme fait l'expérience de Dieu – nous le verrons – par l'anéantissement de sa « volonté » en Dieu. Il s'agit de l'expérience de la mort, mais de la mort en Dieu par la mort de la « colère » de Dieu au nom de l'« amour » de Dieu.[51] Et c'est cela l'expérience de la vie vraie : l'homme est bercé par le Dieu d'amour, et non par celui de la colère.

4. Responsabilité et non-responsabilité de l'homme et de Dieu.

Böhme rejette toute non-responsabilité de l'homme, tout comme il rejette – finalement – toute non-responsabilité de Dieu : le Bien et le Mal, l'amour et la haine, sont le résultat du

[50] Jacob Böhme, *De signatura rerum*, chapitre 1, §1 : « *(...) l'esprit se manifeste par la voix qui forme le son.* »
[51] Jacob Böhme, *De signatura rerum*, chapitre 12, § 16.

fait de la liberté et ils ne sont compréhensibles et perceptibles qu'à la lumière du Dieu libre – car Dieu aussi est libre[52] – ainsi que de l'homme libre. En fait, l'homme n'est pas libre parce qu'il a mangé le « fruit », mais l'homme mange le fruit parce qu'il est déjà antérieurement libre.

La liberté n'est pas une faculté qui s'additionne à la nature humaine en plus des autres aptitudes de la créature : la liberté est l'essence même de l'homme et il ne se pose comme être moral que par cette unique fonction d'être libre. Une liberté additionnée ne pourrait signer une cohésion entre Dieu et l'homme.

Dieu, par un acte libre, s'est donc lui-même rompu pour pouvoir entrer dans une logique créatrice : Lucifer, le plus bel ange, émanation de Dieu, est celui qui se détourne de Dieu. La négation, comme réalité ontologique, est le résultat de ce jaillissement dans l'être : le « oui » et le « non » en tant que figures phénoménales des contraires. Le Dieu vivant est la figure du Bien et du Mal – c'est-à-dire celle de l'amour et celle de la colère – mais l'homme, par un acte profondément libre – liberté établie selon la volonté divine – et donc par un acte moral, est entré dans la perturbation de la Chute, c'est-à-dire de la séparation, par un choix propre que le divin – c'est un fait – a bel et bien souhaité : l'arbre de la connaissance est révélé à l'homme par la beauté luciférienne. Un principe magnifique, sujet de la convoitise : le Mal est déjà là, dans l'Eden.

Face à Dieu, il faut donc une créature libre dont la tâche est d'opérer la manifestation du divin : manifester Dieu dans ce monde, manifester ce monde à Dieu, et y faire révéler par là son image vivante. Ou bien la nier. Et c'est là tout l'enjeu de la liberté humaine : il s'agit de faire le choix entre la « volonté propre », c'est-à-dire le choix de la mort, et la « volonté divine », c'est-à-dire le choix de la vie éternelle.[53]

[52] Dieu se situe dans le fait de la liberté, mais comme l'indique le *Mysterium Magnum*, chapitre 61, §64, il n'est pas saisi par la notion de choix ou de délibération. Hypothèse possible : Dieu est constitué d'une liberté, certes créatrice et « profondément jaillissante », mais en partie non contrôlée et sans déterminations précises, c'est-à-dire sans prédestination.

[53] Jacob Böhme, *De signatura rerum*, chapitre 15, § 7 et 12.

5. Volonté propre et volonté divine.

Pour Böhme, la volonté propre est celle qui suppose le détournement et la séparation : l'homme s'éloigne de Dieu et rompt avec tout accomplissement possible au coeur de la pureté divine. Le « Moi » de l'homme s'adonne alors à sa propre révélation et non plus à celle de Dieu. Et la dimension céleste de l'homme ne saurait survivre à cela : elle meurt, et l'intériorité humaine sombre alors dans l'abîme luciférien, la colère de Dieu.

Mais au contraire, la soumission de l'homme à la volonté divine autorise le déploiement et l'épanouissement de l'homme, parce qu'il goûte alors à la seule nourriture qui puisse réellement combler son être céleste : l'amour de Dieu.

En fait, pour Böhme, la volonté autorise l'arrachement de la nature à l'éternité immobile et silencieuse.[54] La nature a pour mode d'existence l'équilibre entre la confrontation et la résolution des contraires, et notamment la confrontation et la résolution des volontés contraires : c'est la volonté contraire qui crée le mouvement.[55] Dans ce monde, c'est-à-dire en toutes choses, il y a deux volontés qui s'affrontent.[56] En effet, toute volonté contraire blesse la nature, mais si une volonté semblable s'offre à elle, elle se repose dans l'union harmonieuse et se met au repos : à l'hostilité succède la joie.[57]

Il y a là une esquisse fondamentale du mouvement dialectique böhmien : dans la nature, les formes se séparent et deux volontés distinctes apparaissent.[58] Mais hors de ce monde – c'est-à-dire dans l'*Ungrund*, que Böhme appelle l'oeil de l'éternité[59] – il y a déjà une « volonté primordiale »[60] posée comme « chaos ». Ce chaos est Dieu lui-même contemplant le monde.[61] Il est une volonté, c'est-à-dire le désir de Dieu de se

[54] Jacob Böhme, *De signatura rerum*, chapitre 2, § 2.
[55] Jacob Böhme, *De signatura rerum*, chapitre 2, § 2.
[56] Jacob Böhme, *De signatura rerum*, chapitre 2, § 11.
[57] Jacob Böhme, *De signatura rerum*, chapitre 2, § 3.
[58] Jacob Böhme, *De signatura rerum*, chapitre 3, § 17.
[59] Jacob Böhme, *De signatura rerum*, chapitre 3, § 2.
[60] Jacob Böhme, *De signatura rerum*, chapitre 3, § 4.
[61] Jacob Böhme, *De signatura rerum*, chapitre 3, § 40.

révéler, de renoncer à l'*Ungrund*.[62] La volonté primordiale, en tant que volonté divine, est l'aspiration de Dieu à se rompre dans l'altérité, à faire surgir la nature. Cette volonté primordiale se structure selon deux formes. La première la porte vers la nature afin de manifester le monde extérieur. La seconde naît de la première : elle est le désir des vertus et des forces par lesquelles elle va opérer.[63] Et enfin, la volonté, lorsqu'elle est dite pure, se pose comme la béatitude de Dieu et sa liberté, l'esprit qui s'incorpore à la nature.[64]

La volonté – par Dieu, elle-même Dieu – est cette force qui pousse à la corporification[65] de la nature, mais sans s'identifier à cette corporification, car cela est du ressort du désir : le désir est un souffle. Il crée une figure dans l'esprit où le mystère va déployer une infinité de formes[66]: il est une appétence. L'esprit né du désir est une force impulsive ; c'est l'esprit de la nature ; la nature est le désir qu'elle anime.[67] Le désir est bien cette force – et par extension, cette manifestation – de la corporification de ce monde : c'est dans le feu du désir que toutes les choses s'incarnent. C'est par le désir que le monde a été créé. Le désir originel renferme les qualités de la terre, de tous les métaux, de tous les minéraux, des astres. Il est à l'origine des éléments.[68] Ce désir est né de la volonté. En fait, dans notre monde, toute vie, toute croissance, toute germination dépendent de deux choses: la volonté pure et le désir.[69]

C'est dans l'*Ungrund* que se pose la volonté éternelle, celle de Dieu, dont la fin est de faire entrer le « rien » dans le « quelque chose » pour s'appréhender, se rendre sensible à elle-même, se contempler. Et c'est bien le désir qui se corporifie, et

---

[62] Jacob Böhme, *De signatura rerum*, chapitre 3, § 2.
[63] Jacob Böhme, *De signatura rerum*, chapitre 3, § 4.
[64] Jacob Böhme, *De signatura rerum*,, chapitre 6, § 1.
[65] *Leiblichkeit* : « corporification » ou « corporalité ». Il ne serait pas juste de traduire par « incarnation » ou « incorporation », parce que *Leiblichkeit* renvoie plutôt à l'idée d'un jaillissement créateur dont le résultat est l'état de la matière. Il ne s'agit pas ici de prendre place dans un corps, c'est-à-dire de se revêtir d'un corps charnel (« incarnation »), ni de faire pénétrer un élément simple dans un ensemble plus large (« incorporation »).
[66] Jacob Böhme, *De signatura rerum*, chapitre 3, § 5.
[67] Jacob Böhme, *De signatura rerum*, chapitre 6, § 1.
[68] Jacob Böhme, *De signatura rerum*, chapitre 3, § 15.
[69] Jacob Böhme, *De signatura rerum*, chapitre 6, § 1.

non pas la volonté en soi[70] : et Dieu, cela a déjà été souligné moult fois, a une volonté, mais point de désir.[71] Dans ce monde, le désir engendre la manifestation corporelle de la volonté divine. Pour résumer, par le désir et la volonté, quelque chose s'engendre à partir de l'*Ungrund* pour que l'éternité soit révélée[72] par le regard de l'homme : s'il s'en détourne, il meurt.

---

[70] Jacob Böhme, *De signatura rerum*, chapitre 2, § 7.
[71] Jacob Böhme, *De signatura rerum*, chapitre 6, § 2.
[72] Jacob Böhme, *De signatura rerum*, chapitre 9, § 10.

III
Schelling et le problème du Mal

1. L'un, la création et le vouloir.

La « volonté du fondement » est le premier commencement, la « volonté » de la création, elle-même effectivité d'une nostalgie : l'un originel s'enfante lui-même.[73] Par la suite, la « volonté de l'amour » est le second commencement, la « volonté » de la création toujours, mais – à présent – elle-même manifestation du « verbe » dans la nature terrestre : le Dieu vivant se dévoile en tant que Dieu personnel.[74]

Par la volonté du fondement, et par celle de l'amour de même, la création est donc auto-révélation de Dieu : la révélation sienne n'est possible que dans ce qui lui est identique, c'est-à-dire dans des êtres libres qui puissent agir à partir d'eux-mêmes. Le « libre » est donc nécessairement en Dieu, le « non-libre » en dehors de Dieu.[75]

La création – en tant qu'auto-révélation de Dieu – est alors cela même qui fait lumière dans l'obscurité. Il s'agit d'une scission : le créé éveille l'obscur à lui-même en l'illuminant ; le créé est donc lui-même « vouloir », c'est-à-dire l'étant en devenir au sein même du vouloir. Ainsi, « être créé » ne signifie pas « être fabriqué », mais « se maintenir » au sein de la création dans l'effectivité du devenir. La création est une démarche, elle est la « conduite » hors de soi-même en vue de l'« accéder » à soi-même, c'est-à-dire un mouvement qui

---

[73] Xavier Tilliette, *Schelling, une philosophie en devenir*, page 411 du premier tome : « *La philosophie de l'Un et Tout, la « philosophie absolue », se couvre (...) de hautes égides : non seulement Platon et Spinoza, mais Héraclite et Pythagore, Plotin et Bruno, Leibniz et Malebranche, Kepler et Jacob Böhme... Une telle nuée de témoins aurait de quoi déconcerter, si l'éclectisme de Schelling ne visait uniquement à s'approprier une tendance, et non à faire cohabiter pêle-mêle des philosophies constituées. On le voit mieux par l'orientation à laquelle il s'oppose résolument : la lignée réflexive de Descartes et Newton, de Kant et Fichte, (...).* »

[74] F.W.J.Schelling, *Philosophische Untersuchungen über das Wesen der menschlichen Freiheit und die damit zusammenhängenden Gegenstände*, pages 177 et 178 (de la traduction française) & page 395 (des *Sämmtliche Werke*).

[75] F.W.J.Schelling, *Philosophische Untersuchungen über das Wesen der menschlichen Freiheit und die damit zusammenhängenden Gegenstände*, pages 134 et 135 (de la traduction française) & page 347 (des *Sämmtliche Werke*). Voir aussi, Martin Heidegger, *Schelling – Le traité de 1809 sur l'essence de la liberté humaine*, page 206.

préside à la création, et par là même, à la genèse et à la nature créée.[76]

2. La disjonction et la dialectique.

Dieu est plus réel qu'un ordre moral : il est lui-même force en mouvement, il est lui-même unité vivante de forces.[77] Un système de l'entendement divin peut être établi, mais Dieu lui-même n'est pas système : il est vie[78] – c'est-à-dire qu'il est une essence qui se révèle à elle-même[79] – il est volonté pure, il est esprit.[80] Il s'agit de poser un Dieu identifié à l'être comme se manifestant soi-même dans un « acte » permanent, c'est-à-dire un être qui se réalise en se révélant dans la plénitude de ses forces créatrices et formatrices. Cette idée suppose alors, d'une part, que Dieu lui-même a un corps, et d'autre part, que la corporalité[81] n'est pas étrangère à l'être de Dieu.[82]

Ainsi, la création elle-même n'est pas un « donné » mais un « acte » dont le Dieu vivant est la loi universelle.[83] Le devenir de la nature constitue le déploiement des choses[84] : la création de la nature est un devenir. Par nature créée, il faut alors entendre la nature en devenir, la nature créatrice, l'élément créateur qui est lui-même créé.[85]

---

[76] Martin Heidegger, *Schelling – Le traité de 1809 sur l'essence de la liberté humaine*, pages 226, 227 et 229.

[77] F.W.J.Schelling, *Philosophische Untersuchungen über das Wesen der menschlichen Freiheit und die damit zusammenhängenden Gegenstände*, pages 142 et 176 (de la traduction française) & pages 356 et 394 (des *Sämmtliche Werke*).

[78] F.W.J.Schelling, *Philosophische Untersuchungen über das Wesen der menschlichen Freiheit und die damit zusammenhängenden Gegenstände*, pages 181 et 182 (de la traduction française) & page 399 (des *Sämmtliche Werke*). Voir aussi, M.Heidegger, *Schelling – Le traité de 1809 sur l'essence de la liberté humaine*, page 276.

[79] F.W.J.Schelling, *Philosophische Untersuchungen über das Wesen der menschlichen Freiheit und die damit zusammenhängenden Gegenstände*, pages 176 et 177 (de la traduction française) & page 394 (des *Sämmtliche Werke*).

[80] Alexandre Koyré, *La philosophie de Jacob Boehme*, page 191 : pour le théosophe, « *Dieu est un esprit (...).* ». En ce qui concerne Schelling, consulter M.Heidegger, *Schelling – Le traité de 1809 sur l'essence de la liberté humaine*, page 206.

[81] *Leiblichkeit.*

[82] Ernst Benz, *Les sources mystiques de la philosophie allemande*, pages 56 et 57.

[83] F.W.J.Schelling, *Philosophische Untersuchungen über das Wesen der menschlichen Freiheit und die damit zusammenhängenden Gegenstände*, pages 178 et 179 (de la traduction française) & page 396 (des *Sämmtliche Werke*).

[84] Martin Heidegger, *Schelling – Le traité de 1809 sur l'essence de la liberté humaine*, page 234.

[85] Martin Heidegger, *Schelling – Le traité de 1809 sur l'essence de la liberté humaine*, page 233.

Et la création n'est rien d'autre que la transfiguration lumineuse de l'obscurité refoulée.[86] Il est donc essentiel d'attester que la création, et par suite tout être créé, soit l'acte libre de Dieu. Il en résulte que dans le créé, il ne peut y avoir du Bien que s'il y a du Mal, et inversement.[87] Il s'agit donc de l'affrontement effectif des contraires. C'est pourquoi Dieu est l'auteur du Mal[88] ; c'est pourquoi – de même – le Mal n'est possible qu'au sein du créé.

3. L'homme.

Au sein de la nature, seul l'homme est esprit : en l'homme, le devenir de la nature accède au repos de telle sorte qu'avec l'homme, on quitte du même coup la dimension naturelle.[89] Il s'agit de formuler un projet dans lequel s'ouvrent l'être divin – et l'être de ce monde en général – dans l'objectif d'un développement à partir de l'homme.

L'homme résulte du centre le plus intime de Dieu tout en demeurant un être particulier séparé de Dieu : un être ne peut se révéler qu'en son contraire.[90] Il faut qu'il y ait l'homme pour que Dieu puisse se révéler. Dieu, sans l'homme, sombre dans l'ennui. L'homme, sans Dieu, sombre dans la démence : l'homme doit être pour que Dieu puisse exister.[91]

Ce principe de l'homme révélateur de Dieu est primordial, mais il ne doit pas être conçu ici comme l'être vivant doué de raison : il est en lui-même l'abîme[92] le plus profond de l'être et en même temps le ciel plus haut.[93] Dieu est une figure sublimée de l'homme – et il y a bien là une forme d'anthropomorphisme[94] – mais il ne s'agit pas de rabaisser Dieu lui-même au niveau de l'homme. Bien au contraire, l'homme s'expérimente lui-même en ce qui le conduit et l'expose au-delà

---

[86] Martin Heidegger, *Schelling – Le traité de 1809 sur l'essence de la liberté humaine*, page 241.
[87] Martin Heidegger, *Schelling – Le traité de 1809 sur l'essence de la liberté humaine*, page 243.
[88] Martin Heidegger, *Schelling – Le traité de 1809 sur l'essence de la liberté humaine*, page 274.
[89] Martin Heidegger, *Schelling – Le traité de 1809 sur l'essence de la liberté humaine*, page 243.
[90] Martin Heidegger, *Schelling – Le traité de 1809 sur l'essence de la liberté humaine*, page 206.
[91] Martin Heidegger, *Schelling – Le traité de 1809 sur l'essence de la liberté humaine*, page 207.
[92] *Abgrund.*
[93] Martin Heidegger, *Schelling – Le traité de 1809 sur l'essence de la liberté humaine*, page 234.
[94] Martin Heidegger, *Schelling – Le traité de 1809 sur l'essence de la liberté humaine*, pages 203/204.

de lui-même. L'homme est cet autre qu'il lui faut être comme tel afin que Dieu puisse se révéler grâce à lui.[95] Dieu a aperçu l'homme, et l'éclairant du regard, il en a fait ressortir son essence en pleine lumière, même si cet éclair peut être dialectiquement destructeur, c'est-à-dire un « feu dévorant ».[96]

4. Dieu et le Mal, le fondement et l'existence.

À partir de la présente dialectique effective, les conditions de possibilité de révélation du Dieu existant sont en même temps les conditions de possibilité du pouvoir d'accomplir à la fois le Bien et le Mal, c'est-à-dire la liberté en laquelle l'homme vient en présence : Dieu ne peut faire que le Mal n'existe pas – c'est-à-dire qu'il doit nécessairement permettre le Mal – parce qu'il est métaphysiquement inévitable sur la base d'une liberté formulée.[97]

Le fondement du Mal est alors un principe « positif »[98] et « spirituel ».[99] Il est vain d'identifier le Mal à la seule négation, au sens où l'engagement entre le Bien et le Mal est une rencontre des contraires absolument réels tous les deux. Il est vain également de nier une filiation du Mal en Dieu, puisque Dieu lui-même est esprit : le Mal est alors fondé en Dieu en raison de la connexion entre fond et existence.[100] La question du « fondement »[101] est alors nécessairement celle de l'« existence »[102], car c'est dans l'analogie ou la dislocation des deux que se pose la question du Mal.

Schelling cherche alors à formuler un principe du fondement en tant qu'il ne signifie pas la raison[103] – ni la cause[104] – mais

[95] Martin Heidegger, *Schelling – Le traité de 1809 sur l'essence de la liberté humaine*, page 282.
[96] Martin Heidegger, *Schelling – Le traité de 1809 sur l'essence de la liberté humaine*, page 261. Une expression schellingienne directement empruntée à Böhme.
[97] Martin Heidegger, *Schelling – Le traité de 1809 sur l'essence de la liberté humaine*, page 275.
[98] Martin Heidegger, *Schelling – Le traité de 1809 sur l'essence de la liberté humaine*, page 207.
[99] Martin Heidegger, *Schelling – Le traité de 1809 sur l'essence de la liberté humaine*, page 207.
[100] Martin Heidegger, *Schelling – Le traité de 1809 sur l'essence de la liberté humaine*, page 198. D'ailleurs, certains penseurs – comme par exemple Heinrich Christoph Wilhelm Sigwart, *Das Problem des Bösen oder die Theodice*, page 238 – pensent même que Schelling a installé le Mal en Dieu dans l'objectif de légitimer le diable. Sur ce point, consulter Miklos Vetö, *Le fondement selon Schelling*, page 50.
[101] *Grund.*
[102] *Existenz.*
[103] *Ratio.*
[104] *Ursache.*

plutôt l'assise, le soubassement, la fondation[105], la base.[106] Tout être créé – l'étant – ne peut être qu'en tant que fond : le fond est la pesanteur, c'est-à-dire ce qui pèse, qui attire, qui contracte.[107] Le fondement désigne le point de départ de l'existence de Dieu, et ce point de départ est Dieu lui-même. Par le fond, Dieu advient à soi-même. De ce point de vue, il s'agit de formuler un Dieu en devenir.

Mais il faut distinguer Dieu lui-même du fond en Dieu, en même temps qu'ils appartiennent l'un à l'autre. Reprenons le vocabulaire schellingien : le fond en Dieu est ce que Dieu n'est pas et qui pourtant n'est pas en dehors de lui. Le fond en Dieu est en Dieu ce qui n'est pas véritablement Dieu lui-même, mais qui lui est fondement de son être : le fondement est la « nature » en Dieu.[108] Et Dieu, en tant que fond, assume son déploiement dans la nature. Cela contribue à la constitution de l'être de Dieu.[109]

À partir de là, Schelling décèle en Dieu la présence de la « distinction » du « fond » et de l'« existence »[110], de même qu'il lui faut distinguer en tout être[111], l'« existence » et le « fondement de l'existence ».[112] Et fond et existence sont la totalité de l'absolu.[113] Or, la « distinction » du fond et de l'existence constitue l'« ajointement »[114] de l'étant, tel qu'il se tient en soi-même.[115] Le fond et l'existence tendent toujours à

---

105 *Fundament.*

106 *Basis.*

107 Martin Heidegger, *Schelling – Le traité de 1809 sur l'essence de la liberté humaine*, pages 187, 193, 198 et 199.

108 Martin Heidegger, *Schelling – Le traité de 1809 sur l'essence de la liberté humaine*, pages 189, 190, et 191.

109 Martin Heidegger, *Schelling – Le traité de 1809 sur l'essence de la liberté humaine*, page 194.

110 F.W.J.Schelling, *Philosophische Untersuchungen über das Wesen der menschlichen Freiheit und die damit zusammenhängenden Gegenstände*, pages 143, 144 et suite (de la traduction française) & pages 357, 358 et suite (des *Sämmtliche Werke*).Voir aussi, Martin Heidegger, *Schelling – Le traité de 1809 sur l'essence de la liberté humaine*, pages 189, 190, et 191.

111 *Wesen.*

112 Martin Heidegger, *Schelling – Le traité de 1809 sur l'essence de la liberté humaine*, pages 186 et 187.

113 Martin Heidegger, *Schelling – Le traité de 1809 sur l'essence de la liberté humaine*, page 223. Selon Heidegger, l'idéalisme allemand énonce la philosophie – elle-même au sens du savoir véritable de l'étant en totalité – comme une intuition intellectuelle de l'absolu (Martin Heidegger, *Schelling – Le traité de 1809 sur l'essence de la liberté humaine*, page 82). L'absolu n'est ni objet, ni sujet. Il est le savoir au sens propre (Martin Heidegger, *Schelling – Le traité de 1809 sur l'essence de la liberté humaine*, page 94)

114 *Seynsfuge*, c'est-à-dire le jointement de l'être.

115 Martin Heidegger, *Schelling – Le traité de 1809 sur l'essence de la liberté humaine*, page 188.

s'écarter l'un de l'autre, et par là même tendent à se rassembler en une unité plus lumineuse. Il s'agit là d'une dialectique de la séparation et de la contraction, c'est-à-dire les deux principes alchimiques de la transmutation.

Et il n'y a rien avant Dieu, car Dieu a en lui-même le fondement de son existence. Dieu est le « fond primordial »[116], ou mieux, le « fond-sans-fond ».[117] Le fond de Dieu est une propriété du devenir éternel de Dieu pris comme un tout.[118] Ainsi, le fond est l'équilibre entre le « déjà » et le « pas encore » de Dieu.[119] Dieu, dans sa représentation de lui-même, ne rencontre rien d'autre que le fond qui est Dieu. En son fond, Dieu se voit lui-même : il discerne son image dans le fond, c'est-à-dire dans ce dont l'éternel désir est en quête.[120] Et par là se pose l'éclaircie : Dieu s'aperçoit lui-même comme celui qui porte la lumière.[121]

Nous l'avons posé, le fondement de l'existence de Dieu est la nature en Dieu, c'est-à-dire le principe qui est inséparable de lui et pourtant différent de lui.[122] Les choses ont leur fondement en ce qui en Dieu n'est pas Dieu, c'est-à-dire en ce qui est fondement de son existence.[123] Dieu est la personne suprême parce que fondement et existence s'unissent en lui en une existence absolue et une. Et l'unité vivante des deux est l'esprit – Dieu est esprit[124] – et c'est cela qui autorise la transformation – la transmutation – de l'élément créateur lui-même en l'aboutissement du créé. En effet, nous l'avons vu, quand l'être

---

[116] *Urgrund*.

[117] Il s'agit bien entendu de l'*Ungrund* également utilisé par Böhme. Nous l'avons déjà vu plus haut, dans son acception böhmienne, la traduction française du terme d'*Ungrund* est quasi impossible en raison de la difficulté d'en cerner un sens précis selon l'acception schellingienne. À ce sujet, consulter X.Tilliette, *Schelling, une philosophie en devenir*, pages 534 et 535, notes n°22 et 23.

[118] Martin Heidegger, *Schelling – Le traité de 1809 sur l'essence de la liberté humaine*, page 212.

[119] Martin Heidegger, *Schelling – Le traité de 1809 sur l'essence de la liberté humaine*, page 203.

[120] Martin Heidegger, *Schelling – Le traité de 1809 sur l'essence de la liberté humaine*, page 243.

[121] Martin Heidegger, *Schelling – Le traité de 1809 sur l'essence de la liberté humaine*, pages 218 et 219.

[122] F.W.J.Schelling, *Philosophische Untersuchungen über das Wesen der menschlichen Freiheit und die damit zusammenhängenden Gegenstände*, pages 143, 144 et 145 (de la traduction française) & pages 357 et 358 (des *Sämmtliche Werke*).

[123] F.W.J.Schelling, *Philosophische Untersuchungen über das Wesen der menschlichen Freiheit und die damit zusammenhängenden Gegenstände*, pages 145 et 146 (de la traduction française) & page 359 (des *Sämmtliche Werke*).

[124] F.W.J.Schelling, *Philosophische Untersuchungen über das Wesen der menschlichen Freiheit und die damit zusammenhängenden Gegenstände*, pages 177 et 178 (de la traduction française) & page 395 (des *Sämmtliche Werke*).

se particularise et se contracte, il est entraîné du même coup, et par une tendance contraire, dans une détermination qui tend à l'universalité. C'est dans le double jeu simultané de la contraction et de l'universalisation qu'un être singulier, un individu, peut advenir.[125]

Et cet « advenir » – c'est-à-dire cet « à venir » – désigne alors la puissance qui consiste à s'arracher du « rien » pour entrer dans le « quelque chose » par le principe divin. Schelling voit donc dans la nature le produit assoupi de l'esprit divin qu'il importe de réveiller : le Dieu en tant qu'existence est alors le Dieu qui est en soi-même « historique ». Et il est un Dieu historique parce qu'il est en devenir.[126] Le devenir est le passage de « ce qui n'est pas encore » à « ce qui est ».[127] Quant à l'éternité, elle est le fait que l'« avoir-été » et l'« être-à-venir » se maintiennent et se rejoignent à l'« être-présent » jusqu'à coïncider dans le temps : en Dieu, il n'y a pas de contradiction entre son caractère d'éternité et son caractère d'être en devenir.[128]

5. Effectivité du Mal, volonté propre et volonté universelle.

L'être originel lui-même, c'est-à-dire Dieu, est vouloir.[129] Et l'essence originelle de l'être est le vouloir.[130] L'homme est – en tant qu'esprit séparé de Dieu et donc doté d'une volonté propre – l'étant en lequel Dieu – en tant qu'esprit éternel – se révèle. Cette autorévélation de Dieu en l'homme est du même coup la création de l'homme.[131] La volonté de l'homme n'est donc en soi rien d'autre que l'impulsion contenue du Dieu qui demeure encore au fond. Ce qui est vouloir en l'homme, c'est le désir reclus en soi-même, c'est-à-dire le fond indépendant de Dieu, c'est-à-dire encore ce qui n'est pas Dieu lui-même.

[125] Martin Heidegger, *Schelling – Le traité de 1809 sur l'essence de la liberté humaine*, page 236.
[126] Martin Heidegger, *Schelling – Le traité de 1809 sur l'essence de la liberté humaine*, page 194.
[127] Martin Heidegger, *Schelling – Le traité de 1809 sur l'essence de la liberté humaine*, page 195.
[128] Martin Heidegger, *Schelling – Le traité de 1809 sur l'essence de la liberté humaine*, pages 196 et 197.
[129] Martin Heidegger, *Schelling – Le traité de 1809 sur l'essence de la liberté humaine*, page 166.
[130] Martin Heidegger, *Schelling – Le traité de 1809 sur l'essence de la liberté humaine*, page 188.
[131] Martin Heidegger, *Schelling – Le traité de 1809 sur l'essence de la liberté humaine*, page 210.

En l'homme, le « verbe » est totalement énoncé. L'homme ne se meut pas seulement à l'intérieur de ce qui a été ouvert et éclairé, mais il achève de proférer cette lumière et ainsi s'élève au-dessus d'elle. En l'homme, et en lui seul, les deux principes forment une unité propre : le tréfonds du fond, la volonté propre, et la plus haute manifestation du verbe, s'unissent en lui. En l'homme se trouvent les deux centres, c'est-à-dire l'abîme le plus profond et le ciel le plus haut.[132]

Par suite, si la volonté propre de l'homme se soumet à la volonté universelle alors surgit le Bien. Dans le cas contraire, surgit le Mal.[133] Le lien des principes – de la volonté particulière et de la volonté universelle – est en l'homme un lien libre, mais ce n'est pas, comme en Dieu, un lien nécessaire : la volonté particulière de l'homme s'est élevée – en tant que volonté spirituelle – au-dessus de la nature, et elle ne se tient plus seulement au service de la volonté universelle.

Cette possibilité de dissocier les deux principes, telle qu'elle appartient à l'essence de l'homme, n'est donc justement rien d'autre que la condition de possibilité du Mal, puisque la volonté propre peut, dans l'unité de la volonté humaine, se substituer à la volonté universelle. La volonté propre peut donc s'élever au-dessus de l'universel, et prétendre ne déterminer qu'à partir de soi-même l'unité des principes : un tel pouvoir[134] constitue la capacité d'accomplir le Mal.

La question de la possibilité interne du Mal est donc la question de la possibilité interne de l'être-homme.[135] Il s'agit bien de formuler un principe du Mal déployé en tant que perversion de l'esprit humain lorsqu'il y a domination de la

---

[132] F.W.J.Schelling, *Philosophische Untersuchungen über das Wesen der menschlichen Freiheit und die damit zusammenhängenden Gegenstände*, pages 149 et 150 (de la traduction française) & page 363 (des *Sämmtliche Werke*). Voir aussi, Martin Heidegger, *Schelling – Le traité de 1809 sur l'essence de la liberté humaine*, page 244.

[133] F.W.J.Schelling, *Philosophische Untersuchungen über das Wesen der menschlichen Freiheit und die damit zusammenhängenden Gegenstände*, pages 182 et 183 (de la traduction française) & page 400 (des *Sämmtliche Werke*).

[134] *Können.*

[135] Martin Heidegger, *Schelling – Le traité de 1809 sur l'essence de la liberté humaine*, pages 245 et 246.

volonté propre, c'est-à-dire lorsqu'elle se rend maîtresse de la volonté universelle.[136]

Dans le texte schellingien d'ailleurs, dans le mot *Sehnsucht*[137], le mot *Sucht* signifie la maladie, le Mal comme désirement de lui-même. Dans le désir se pose la tendance à sortir de soi pour se propager au-dehors, mais aussi la tendance à revenir en arrière et à rentrer en soi-même. Le désir est la détermination essentielle du fond en Dieu. Ce désir caractérise donc cet être du fond comme ce qui s'écarte de soi-même pour prendre le large et en même temps comme la concentration en soi-même. Le désir est une volonté en laquelle celui qui tend se veut lui-même de façon indéterminée. Le désir éternel est une tension qui ne peut jamais accéder à une configuration stable. Le désir est tension privée d'entendement : c'est la possibilité du Verbe qui lui fait défaut. Le désir est l'émotion, le mouvement qui pousse à s'étendre au loin et à se disperser. Et c'est précisément dans cette émotion que réside et qu'advient ce qui se meut en direction de soi-même.[138] Dieu s'aperçoit lui-même dans la quête du désir en mal de soi. L'égocentrisme – c'est-à-dire l'amour du soi propre[139] – s'oppose à la volonté de l'entendement qui tend à la règle et à l'unité, et qui – par là – tend à relier de tous côtés toutes choses à l'un. Sa volonté est une volonté universelle. Au sein de la nature, la volonté particulière du fond se subordonne à cette volonté universelle : elle se met à son service.[140]

Le Mal est donc ce qui se fonde dans le fond indépendant de Dieu, il n'est rien d'autre que ce fond, ce fond qui, en tant que volonté primordiale et égoïste, est venu au jour pour former le « je » distinct de l'esprit créé et qui s'est substitué à la volonté universelle.

---

[136] F.W.J.Schelling, *Philosophische Untersuchungen über das Wesen der menschlichen Freiheit und die damit zusammenhängenden Gegenstände*, pages 151 et suite (de la traduction française) & page 365 et suite (des *Sämmtliche Werke*). Voir aussi, Martin Heidegger, *Schelling – Le traité de 1809 sur l'essence de la liberté humaine*, page 257.

[137] Le désir, la nostalgie, etc.

[138] Martin Heidegger, *Schelling – Le traité de 1809 sur l'essence de la liberté humaine*, pages 216 et 217.

[139] *Eigensucht.*

[140] Martin Heidegger, *Schelling – Le traité de 1809 sur l'essence de la liberté humaine*, page 241.

Le principe du Mal[141] est puisé dans les manifestations[142] de l'« égoïté ».[143] Le Mal n'est rien de négatif en tant que tel, c'est-à-dire qu'il n'est pas le fait d'une impuissance ou d'un simple égarement.[144] Dans notre monde, le Mal est un « étant »[145], c'est-à-dire une figure manifestée. Et ce qui appartient en propre à tout « étant » c'est le rapport du fond à l'existence[146] : le fondement du Mal réside dans la manifestation de la volonté primordiale du fond premier.

Ainsi, la condition de possibilité du Mal est constituée par la dissociation du fond et de l'existence. Cela signifie que l'un des deux principes peut prendre la place de l'autre. Il ne s'agit donc pas d'une simple séparation mais d'un renversement.[147] Ce n'est pas le fond qui suscite le Mal lui-même. Il n'incite pas non plus au Mal. En revanche, il excite le principe qui rend possible le Mal. Ce principe, c'est la libre mobilité du fond et de l'existence, l'un par rapport à l'autre.[148]

Par suite, le Mal n'a pas seulement son origine dans le processus divin, mais aussi en l'homme : le Mal est une maladie se posant comme une dissolution de la personne. Le sujet humain est synthèse des ténèbres et de la lumière, de la volonté propre et de la volonté universelle : à partir de là, la volonté particulière est illuminée par l'esprit ; la nature véritable de l'esprit est de servir de support à la volonté universelle. Par l'amour, il peut donc sacrifier son existence propre à l'existence universelle. Il s'agit là d'un acte de dépassement parce que c'est la liberté qui rend l'esprit effectif. Mais la volonté particulière peut elle-même aussi devenir son univers propre et donc refuser la soumission à la volonté universelle : dans ce cas, l'unité entre

---

[141] F.W.J.Schelling, *Philosophische Untersuchungen über das Wesen der menschlichen Freiheit und die damit zusammenhängenden Gegenstände*, page 153 et suite, page 171 et suite (de la traduction française) & page 367 et suite, page 388 et suite (des *Sämmtliche Werke*). Résumé du principe schellingien des conditions de possibilité du Mal : pages 172, 173, et 174 (de la traduction française) & pages 389 et 390 (des *Sämmtliche Werke*).

[142] Jean-François Marquet, *Liberté et existence – Étude sur la formation de la philosophie de Schelling*, page 577.

[143] *Ichheit.*

[144] Martin Heidegger, *Schelling – Le traité de 1809 sur l'essence de la liberté humaine*, page 270.

[145] *Seiende.*

[146] Martin Heidegger, *Schelling – Le traité de 1809 sur l'essence de la liberté humaine*, page 193.

[147] Martin Heidegger, *Schelling – Le traité de 1809 sur l'essence de la liberté humaine*, pages 252 et 253.

[148] Martin Heidegger, *Schelling – Le traité de 1809 sur l'essence de la liberté humaine*, page 261.

la volonté propre et la volonté universelle est alors dissoute. Le Mal apparaît en ce point de dislocation.[149]

Or, le Mal – dans l'apparaître – ne réside pas simplement en tant que simple élément positif : il est bien ce qu'il y a de « plus » positif dans la nature elle-même, la nature étant la volonté du fond qui veut accéder à soi-même. Le positif est donc ici le négatif : il est présent à titre de négation sous la figure du Mal. La finitude de l'étant s'est soulevée jusqu'à imposer la domination de l'amour-propre, la volonté propre, l'égoïsme.[150]

6. Métaphysique du Mal et système de la liberté.

Le Mal est le fondement originaire[151] en vue de l'existence.[152] Et le fondement du Mal – nous l'avons déjà dit – est quelque chose de positif.[153] Le Mal n'est pas une « essence », mais une « inessence »[154] qui n'est réalité que dans le contraire, c'est-à-dire qu'il n'est pas en soi[155] : il est lui-même spirituel[156] – ou esprit – et ne peut être effectif qu'en tant qu'esprit. La possibilité du Mal est donc une possibilité de l'esprit et elle est donc encore la possibilité d'une unité se sachant elle-même comme telle. La possibilité d'unification constitue la possibilité d'un comportement[157], c'est-à-dire d'un « se tenir ». Or le comportement est un mode d'être, tel qu'en lui l'étant comme tel se porte auprès d'un autre et se rapporte à lui, de telle sorte que par là cet autre se révèle à son tour comme un « étant ». La possibilité du comportement est le « pouvoir de se rapporter à... »[158], c'est-à-dire un pouvoir en vue de quelque chose.[159]

---

[149] Émile Bréhier, *Schelling*, page 202.
[150] Martin Heidegger, *Schelling – Le traité de 1809 sur l'essence de la liberté humaine*, pages 249 et 250.
[151] *Urgrund.*
[152] F.W.J.Schelling, *Philosophische Untersuchungen über das Wesen der menschlichen Freiheit und die damit zusammenhängenden Gegenstände*, pages 162 et 163 (de la traduction française) & page 378 (des *Sämmtliche Werke*).
[153] Martin Heidegger, *Schelling – Le traité de 1809 sur l'essence de la liberté humaine*, page 207.
[154] *Unwesen.*
[155] F.W.J.Schelling, *Philosophische Untersuchungen über das Wesen der menschlichen Freiheit und die damit zusammenhängenden Gegenstände*, pages 190 et 191 (de la traduction française) & page 409 (des *Sämmtliche Werke*).
[156] Martin Heidegger, *Schelling – Le traité de 1809 sur l'essence de la liberté humaine*, page 207.
[157] *Verhalten.*
[158] *Vermögen zu...*

Il ne s'agit donc pas du Mal d'un point de vue moral, mais d'un point de vue ontologique et théologique[160] : il s'agit d'une métaphysique du Mal et non de moralité.[161] Elle a pour objectif de fonder la question de l'être comme fondement du système de la liberté[162] ; et la tentative d'élaboration d'un système de la liberté suppose la nécessité métaphysique du Mal, de même que le Mal est métaphysiquement nécessaire sur l'unique base d'une liberté absolue.[163] Dans une métaphysique du Mal se pose alors la question de l'être. L'essence de l'être est l'identité. L'identité est « unité » en tant qu'elle est l'union corrélative de la diversité[164] par ses manifestations propres.[165]

La question de l'essence de la liberté humaine est donc nécessairement – et simultanément – celle aussi de la possibilité et de la réalité effective du Mal.[166] Il s'agit de poser que la liberté de l'homme est le pouvoir pour le Bien et pour le Mal.[167] Et les conditions de possibilité du pouvoir d'accomplir à la fois le Bien et le Mal sont en même temps les conditions de possibilité de la révélation du Dieu existant, c'est-à-dire la liberté en laquelle l'homme advient en présence. L'essence – elle-même – de la liberté humaine est alors conçue comme le

---

[159] Martin Heidegger, *Schelling – Le traité de 1809 sur l'essence de la liberté humaine*, page 255.

[160] Le Mal – interprété en termes chrétiens – peut être associé à la notion de péché (Martin Heidegger, *Schelling – Le traité de 1809 sur l'essence de la liberté humaine*, page 252) : en ce sens, il est dit de la maladie qu'elle est la réplique du Mal et du péché. Sur ce point, consulter Martin Heidegger, *Schelling – Le traité de 1809 sur l'essence de la liberté humaine*, pages 247 et 248, où il est montré que pour Schelling, dans la maladie, il n'y a pas seulement quelque chose qui manque, mais il y a surtout la présence de quelque chose de faux. Faux, non pas seulement au sens d'inexact, mais au sens propre d'une falsification, d'un détournement, d'un renversement, au sens de ce qui a été faussé, forcé. Par là, il y a assimilation du Mal au péché. La sécularisation du concept théologique de péché et la christianisation du concept métaphysique du Mal, vont donc de pair (Martin Heidegger, *Schelling – Le traité de 1809 sur l'essence de la liberté humaine*, page 250). Or le Mal ne se laisse pas saisir uniquement à titre de péché : l'enjeu de la démarche schellingienne est précisément de le questionner dans l'optique de l'essence et de la vérité.

[161] Martin Heidegger, *Schelling – Le traité de 1809 sur l'essence de la liberté humaine*, pages 169, 170, et 271.

[162] Martin Heidegger, *Schelling – Le traité de 1809 sur l'essence de la liberté humaine*, page 181.

[163] Martin Heidegger, *Schelling – Le traité de 1809 sur l'essence de la liberté humaine*, page 275.

[164] *Geschiedenheit*.

[165] F.W.J.Schelling, *Philosophische Untersuchungen über das Wesen der menschlichen Freiheit und die damit zusammenhängenden Gegenstände*, pages 133 et 134 (de la traduction française) & page 346 (des *Sämmtliche Werke*). Voir aussi, Martin Heidegger, *Schelling – Le traité de 1809 sur l'essence de la liberté humaine* page 182.

[166] Martin Heidegger, *Schelling – Le traité de 1809 sur l'essence de la liberté humaine*, pages 169 et 170.

[167] F.W.J.Schelling, *Philosophische Untersuchungen über das Wesen der menschlichen Freiheit und die damit zusammenhängenden Gegenstände*, pages 138 et 139 (de la traduction française) & page 352 (des *Sämmtliche Werke*).

« pouvoir »[168] – non pas pour le Bien « ou » pour le Mal – mais pour le Bien « et » pour le Mal.[169] L'homme, par ce pouvoir, échappe donc à l'état d'indécision.[170]

7. Pouvoir et vouloir.

Schelling est ensuite conduit à poser que l'être-libre de l'homme implique que son « pouvoir » [171] pour le Bien et pour le Mal se transforme en « vouloir » [172] pour le Bien et pour le Mal.[173] En effet, pour déterminer comment le Mal se déploie dans l'histoire[174], Schelling évoque alors l'attraction, l'attrait du fond[175], au sens où ce qui se contracte s'accentue et se renforce dans cette contraction. Il s'agit du Mal, nous l'avons vu, en tant qu'il est un pouvoir exercé par la volonté propre sur la totalité.[176] Le concept schellingien d'« effectivité universelle » désigne alors cette volonté propre de réalisation effective du Mal[177] : nous l'avons souligné, le Mal s'annonce alors comme une disposition propre à la volonté. Dans la mesure où la volonté propre s'élève au-dessus de la volonté universelle et se dresse contre elle, elle veut précisément prendre sa place.[178] C'est dans cette perversion de la volonté que s'accomplit la genèse d'un Dieu renversé.

---

[168] *Vermögen.*

[169] Martin Heidegger, *Schelling – Le traité de 1809 sur l'essence de la liberté humaine*, pages 192, 247, 254, 256 et 269.

[170] Martin Heidegger, *Schelling – Le traité de 1809 sur l'essence de la liberté humaine*, page 254.

[171] *Vermögen.*

[172] *Mögen.*

[173] Martin Heidegger, *Schelling – Le traité de 1809 sur l'essence de la liberté humaine*, page 263.

[174] F.W.J.Schelling, *Philosophische Untersuchungen über das Wesen der menschlichen Freiheit und die damit zusammenhängenden Gegenstände*, pages 162 et suite (de la traduction française) & pages 378 et suite (des *Sämmtliche Werke*). Schelling en fait le détail. Voir aussi, Martin Heidegger, *Schelling – Le traité de 1809 sur l'essence de la liberté humaine*, page 258.

[175] *Anziehen des Grundes.*

[176] Martin Heidegger, *Schelling – Le traité de 1809 sur l'essence de la liberté humaine*, page 260.

[177] F.W.J.Schelling, *Philosophische Untersuchungen über das Wesen der menschlichen Freiheit und die damit zusammenhängenden Gegenstände*, pages 158 et suite (de la traduction française) & pages 373 et suite (des *Sämmtliche Werke*). Voir aussi, Martin Heidegger, *Schelling – Le traité de 1809 sur l'essence de la liberté humaine*, page 257.

[178] Remarque : Schelling énonce également la notion de « volonté de la volonté ». Elle s'identifie à l'entendement, c'est-à-dire le savoir qui détient l'entente de l'unité unificatrice de ce qui veut et de ce qui est voulu. La volonté est une volonté de l'entendement en tant qu'elle est nostalgie et désir de l'entendement. [F.W.J.Schelling, *Philosophische Untersuchungen über das Wesen der menschlichen Freiheit und die damit zusammenhängenden Gegenstände*, pages 145 et 146 (de la traduction française) & page 359 (des *Sämmtliche Werke*). Voir aussi, Martin Heidegger, *Schelling – Le traité de 1809 sur l'essence de la liberté humaine*, pages 216 et 217.]

8. Le Dieu renversé.

Le renversement – le soulèvement – ne sont pas « rien » ou simplement négatifs, mais représentent la négation elle-même, telle qu'elle instaure sa domination.[179]

Et voici pourquoi la liberté d'accomplir le Mal a pu venir à Dieu, lui qui est le Bien sans mélange : Dieu ne peut faire que le Mal n'existe pas et il doit nécessairement le permettre[180] parce qu'il faut qu'il y ait en Dieu quelque chose qui ne soit pas Dieu.[181] Il n'y a pas de seconde puissance, celle du Mal – indépendante et aussi puissante – en face de Dieu. Il se pose que le fondement du Mal – indépendant de Dieu – ne peut être qu'en Dieu lui-même.

Mais le Mal est fondé en Dieu sans pour autant que Dieu soit la cause du Mal : cela est expliqué – nous l'avons vu – par la connexion entre fond et existence.[182] Dieu est certes le fondement de l'étant en totalité, mais en créant l'homme libre, il se décharge de la responsabilité du Mal pour la confier à l'homme.[183] Au sein du créé, seul l'homme est capable de Mal, et ce n'est pas en lui une simple propriété, c'est son essence même que de posséder un tel pouvoir. Et dans la mesure où l'homme est pouvoir d'accomplir le Mal, il est aussi, par ce pouvoir pour le Mal, pouvoir pour ce qui est autre que lui. L'homme n'est ni bon ni méchant, mais il est l'être qui peut être aussi bien l'un que l'autre, et cela de telle sorte que, quand il est l'un, il est aussi l'autre.[184]

9. Effectivité du Mal.[185]

Nous l'avons dit, Schelling considère que la figure du Mal est par elle-même figure du Bien « et » du Mal, au sens où la

[179] Martin Heidegger, *Schelling – Le traité de 1809 sur l'essence de la liberté humaine*, page 247.
[180] Martin Heidegger, *Schelling – Le traité de 1809 sur l'essence de la liberté humaine*, page 275.
[181] Martin Heidegger, *Schelling – Le traité de 1809 sur l'essence de la liberté humaine*, pages 178 et 179.
[182] Martin Heidegger, *Schelling – Le traité de 1809 sur l'essence de la liberté humaine*, page 198.
[183] Martin Heidegger, *Schelling – Le traité de 1809 sur l'essence de la liberté humaine*, page 177.
[184] Martin Heidegger, *Schelling – Le traité de 1809 sur l'essence de la liberté humaine*, page 253.
[185] F.W.J.Schelling, *Philosophische Untersuchungen über das Wesen der menschlichen Freiheit und die damit zusammenhängenden Gegenstände*, pages 173 et 174 (de la traduction française) & pages 390 et 391 (des *Sämmtliche Werke*). Voir aussi, Martin Heidegger, *Schelling – Le traité de 1809 sur l'essence de la liberté humaine*, pages 184 et 252.

présentation et la manifestation du Mal sont en même temps présentation et manifestation du Bien : le Mal effectif en l'homme est du même coup à la fois manifestation du Bien et du Mal.[186] Ils sont séparés[187] en leur unité[188] : le Mal agissant dans l'histoire consistant en une discorde des deux principes, le Bien agissant dans l'histoire consistant en leur accord parfait. Le lien qui les unit tous les deux doit être un lien divin.[189]

Qu'en est-il alors de l'agir de l'homme? Ce n'est pas l'homme lui-même qui agit, mais c'est, ou l'esprit bon, ou l'esprit mauvais, qui agit en lui. Ce fait ne porte pas atteinte à la liberté de l'homme. Car c'est le « laisser-agir-en-soi » du « principe » bon, ou du « principe » mauvais (et non du Bien et du Mal eux-mêmes) qui est une conséquence de l'acte intelligible par quoi est déterminée la vie humaine.[190]

Le Bien et le Mal sont donc le même, mais vu d'un autre aspect. Le Mal est en soi le Bien quand il est considéré dans son unité. Le Bien est le Mal quand il est considéré dans sa division.[191] Lorsque le Mal est tout à fait séparé du Bien, il n'est plus tout à fait le Mal, puisque le Mal ne peut agir qu'à travers le Bien. D'où la nécessité de leur curieuse relation.[192] Le Mal doit être séparé du Bien pour qu'il puisse être un jour repoussé dans le non-être pour l'éternité.[193]

---

[186] Martin Heidegger, *Schelling – Le traité de 1809 sur l'essence de la liberté humaine*, pages 269 et 270.

[187] *Geschieden.*

[188] Martin Heidegger, *Schelling – Le traité de 1809 sur l'essence de la liberté humaine*, page 271.

[189] F.W.J.Schelling, *Philosophische Untersuchungen über das Wesen der menschlichen Freiheit und die damit zusammenhängenden Gegenstände*, pages 174 et 175 (de la traduction française) & page 392 (des *Sämmtliche Werke*).

[190] F.W.J.Schelling, *Philosophische Untersuchungen über das Wesen der menschlichen Freiheit und die damit zusammenhängenden Gegenstände*, pages 172 et 173 (de la traduction française) & page 389 (des *Sämmtliche Werke*).

[191] F.W.J.Schelling, *Philosophische Untersuchungen über das Wesen der menschlichen Freiheit und die damit zusammenhängenden Gegenstände*, pages 182 et 183 (de la traduction française) & page 400 (des *Sämmtliche Werke*).

[192] F.W.J.Schelling, *Philosophische Untersuchungen über das Wesen der menschlichen Freiheit und die damit zusammenhängenden Gegenstände*, pages 185 et 186 (de la traduction française) & page 404 (des *Sämmtliche Werke*).

[193] F.W.J.Schelling, *Philosophische Untersuchungen über das Wesen der menschlichen Freiheit und die damit zusammenhängenden Gegenstände*, pages 185 et 186 (de la traduction française) & page 404 (des *Sämmtliche Werke*).

10. Finalité du Mal.

Et se pose enfin la question de la « fin » du Mal. La création a une intention finale qui est celle de la perfection d'un Mal vaincu. Cette intention n'est pas atteinte immédiatement parce que Dieu est « vie » et non pas seulement « être » : il est soumis à la passivité et au devenir. Pour Schelling, sans le concept d'un Dieu souffrant de manière humaine, l'histoire serait incompréhensible : d'où l'idée nécessaire de la Révélation.[194] La fin de la Révélation est l'expurgation du Mal hors du Bien. Alors, le Bien sera élevé hors du fondement et sera lié avec le Bien originel pour l'unité éternelle.[195] Pour que le Bien puisse se séparer du Mal, il doit mourir, et de même, le Mal doit mourir pour se séparer du Bien.[196]

C'est la liberté de l'homme qui pose le Mal comme tel. C'est en l'homme que le Mal surgit, et cela précisément à partir de sa liberté.[197] Le Mal se situe au coeur même de l'homme, il est l'être de l'homme lui-même.[198] Le Mal est donc – en tant que possibilité constitutive de l'essence de la liberté humaine – une modalité[199], de même qu'une possible décision, de l'être-libre de l'homme.[200]

[194] F.W.J.Schelling, *Philosophische Untersuchungen über das Wesen der menschlichen Freiheit und die damit zusammenhängenden Gegenstände*, pages 184, 185 et 186 (de la traduction française) & pages 403 et 404 (des *Sämmtliche Werke*).

[195] F.W.J.Schelling, *Philosophische Untersuchungen über das Wesen der menschlichen Freiheit und die damit zusammenhängenden Gegenstände*, pages 186 et 187 (de la traduction française) & page 405 (des *Sämmtliche Werke*).

[196] F.W.J.Schelling, *Philosophische Untersuchungen über das Wesen der menschlichen Freiheit und die damit zusammenhängenden Gegenstände*, pages 187 et 188 (de la traduction française) & page 406 (des *Sämmtliche Werke*).

[197] Martin Heidegger, *Schelling – Le traité de 1809 sur l'essence de la liberté humaine*, page 177.

[198] Martin Heidegger, *Schelling – Le traité de 1809 sur l'essence de la liberté humaine*, pages 205 et 206.

[199] Martin Heidegger, *Schelling – Le traité de 1809 sur l'essence de la liberté humaine*, pages 192, 209 et 210.

[200] Martin Heidegger, *Schelling – Le traité de 1809 sur l'essence de la liberté humaine*, page 186.

IV
La rencontre

1. Une terminologie commune.

Le premier constat que l'on puisse faire – nous l'avions souligné dans l'entrée de cet essai – est que les concepts qu'utilise Schelling sont la reprise d'une terminologie böhmienne.[201] Le discours schellingien est alors de type « théosophique » et il s'exprime selon une imagerie mystico-alchimique : il s'agit de références implicites aux mystiques rhénans, à la Kabbale, à Paracelse, et – bien entendu – à Jacob Böhme.[202]

Or en même temps, Schelling se débarrasse – dans l'ensemble – du folklore rhétorique et technique explicitement alchimique. Quelques exceptions tout de même : le terme de « transmutation »[203] par exemple, utilisé à plusieurs reprises dans la *Freiheitsschrift*.[204]

Schelling et Böhme ne se posent – évidemment – jamais en un strict rapport d'identité, et pourtant, il est souvent difficile de ne pas voir en chacun d'eux une même assise conduisant à une même élaboration. Dans le texte, une telle proximité – mais non jamais jonction totale – est en réalité favorisée par l'obscurité du vocabulaire böhmien. En effet, nous le savons, Böhme

---

201 Ces concepts sont essentiellement ceux d'abîme (*Abgrund*), âme (*Seele*), Bien (*das Gute*), connaissance (*Erkenntnis*), coeur (ou lumière, sentiment, émotion, etc.) (*Gemüth*), corps (*Körper* au pluriel), corporification ou corporalité (*Leiblichkeit*), créateur (*das Schaffende*), création (*Schöpfung*), désir ou désirement (*Sehnsucht*), entendement (*Verstand*), esprit (*Geist*), être (*das Seyn*), être primordial (*Urwesen*), être-essentiel ou essence (*Wesen*), existence (*Existenz*), fondement (*Grund*), fond primordial (*Urgrund*), fond-sans-fond ou néant (*Ungrund*), forces (*Kräfte*), guérison (*Heilung*), image (*Bild*), liberté (*Freiheit*), libre-arbitre (*Willkür*), lumière (*Licht*), Mal (*das Böse*), nature (*Natur*), panthéisme (*Pantheismus*), passion (*Sucht*), raison (*Vernuft*), révélation (*Offenbarung*), séparation (*Trennung*), ténèbres ou ténébreux (*Dunkel*), unité (*Einheit*), verbe (*Wort*), volonté (*Wille*), etc.

202 F.W.J.Schelling, *Philosophische Untersuchungen über das Wesen der menschlichen Freiheit und die damit zusammenhängenden Gegenstände*, pages 126, 143 et 195 (de la traduction française) & pages 339, 357 et 415 (des *Sämmtliche Werke*). Voir aussi, Martin Heidegger, *Schelling – Le traité de 1809 sur l'essence de la liberté humaine*, page 203. Voir encore, Xavier Tilliette, *Schelling, une philosophie en devenir*, page 609 du premier tome.

203 *Transmutation* (en allemand). Voir F.W.J.Schelling, *Philosophische Untersuchungen über das Wesen der menschlichen Freiheit und die damit zusammenhängenden Gegenstände*, page 171 (de la traduction française) & page 388 (des *Sämmtliche Werke*).

204 Schopenhauer pense d'ailleurs que la *Freiheitsschrift* n'est qu'un plagiat du *Mysterium Magnum* [Miklos Vetö, *Le fondement selon Schelling*, page 45]. Pour Feuerbach, de même, Schelling a tout emprunté au théosophe [Xavier Tilliette, *Schelling, une philosophie en devenir*, page 538]. Pour Tilliette cependant, la *Freiheitsschrift* n'est pas une copie servile de Böhme [Xavier Tilliette, *Schelling, une philosophie en devenir*, page 591 du premier tome].

élabore un lexique embrouillé et confus, et les divers thèmes et concepts siens sont rarement posés en une élaboration organisée : ils se déploient la plupart du temps sans trame particulière et Schelling s'est laissé porté par cette disposition.

2. Ce que Schelling doit à Böhme.

Par une confrontation au problème de la liberté, Schelling affronte simultanément la question du Mal et sa positivité.[205] À partir de Böhme, la positivité du Mal suppose d'abord que lui-même soit une qualité, une force : Schelling – selon l'acception böhmienne – ne pense jamais en termes de concepts seuls, mais en termes de puissances. Tout concept est une représentation imparfaite de la réalité ontologique de la puissance.[206]

La puissance négative s'oppose au Bien – elle en est effectivement une force contraire – mais il reste qu'elle demeure une force positivement déterminée. Le Mal n'est pas seulement une absence du Bien, une négation : il y a, chez Böhme, le refus d'identifier le Mal à l'*Ungrund*. Le combat entre le Bien et le Mal est un combat des contraires, mais de contraires réels tous les deux. Böhme ne cesse de mettre face à face les lumières et les ténèbres comme métaphore de la dialectique du Bien et du Mal : or, les lumières et les ténèbres s'opposent, mais non pas comme l'être et le non-être de quelque chose. C'est pourquoi Schelling affirme – à partir de Böhme – que les ténèbres sont de l'être autant que les lumières : les ténèbres sont une détermination positive, une qualité. Et c'est parce que le Mal est réel et positif que Böhme pense sa défaite comme possible. Schelling prolonge le coup d'envoi böhmien : c'est la positivité du Mal qui rend son existence non-nécessaire, cependant, cette non-nécessité doit être expliquée et cette explication doit être fondée en Dieu, seul créateur de ce monde.

À partir de là, Schelling doit à Böhme le principe d'une indissociabilité entre liberté et Mal.[207] L'approche böhmienne[208]

---

205 Claude Bruaire, *Schelling ou la quête du secret de l'être*, à partir de la page 35.
206 Martin Heidegger, *Schelling – Le traité de 1809 sur l'essence de la liberté humaine*, page 192.
207 Martin Heidegger, *Schelling – Le traité de 1809 sur l'essence de la liberté humaine*, à partir de la page 173, puis à partir de la page 202.

supposait déjà – nous l'avons vu – cette corrélation essentielle et inévitable. En effet, par l'interdépendance entre liberté et Mal, Schelling pose bien l'identique question böhmienne d'un respect de la réalité positive du Mal en lien avec son origine en Dieu même : comment admettre à la fois l'amour de Dieu et le libre choix du Mal ?

Une première hypothèse pose que le Mal est une illusion, ou bien encore, que Dieu n'est pas la source de tout ce qui est. Or, Schelling se refuse d'entrer dans de telles considérations. Mais il refuse également – à partir de Böhme – de contourner le tabou métaphysique qui postule qu'en Dieu la présence de la négativité est une réalité.

Et à la question : « *Comment Dieu peut-il se poser comme le fondement de sa propre négation?* », Schelling répond « *Parce qu'il y a en Dieu ce qui n'est pas Dieu* », c'est-à-dire qu'il faut fonder la réalité du Mal – comme tout ce qui appartient à la réalité – en Dieu lui-même, posant par là qu'il y a en Dieu la puissance du Mal qu'il n'est pas.[209] Cela aussi, il le doit à Böhme : Schelling prolonge la démarche böhmienne en essayant surtout de la conduire à son achèvement. Ainsi donc, Dieu en acte, l'équilibre et l'affrontement des contraires.

Au principe de cela, Schelling affirme alors – et il s'agit là encore d'un principe böhmien – que Dieu est lui-même son propre fondement et il n'a pas d'autre fondement que lui-même. Il est force[210] et esprit[211] ; et son existence se caractérise par le jaillissement de sa vie propre, c'est-à-dire par un désir d'être comme exigence d'entrer dans l'être. Il s'agit là d'une perpétuelle victoire sur le néant. Dieu est l'obscur *Grund* d'une lumière dont on ne peut rien dire et qui survient et aspire à l'« Intelligence » : ce fond jaillissant est précisément celui de

---

[208] Jean-François Marquet, *Liberté et existence – Étude sur la formation de la philosophie de Schelling*, à partir de la page 571.
[209] Claude Bruaire, *Schelling ou la quête du secret de l'être*, page 41.
[210] F.W.J.Schelling, *Philosophische Untersuchungen über das Wesen der menschlichen Freiheit und die damit zusammenhängenden Gegenstände*, pages 142 et 176 (de la traduction française) & pages 356 et 394 (des *Sämmtliche Werke*).
[211] F.W.J.Schelling, *Philosophische Untersuchungen über das Wesen der menschlichen Freiheit und die damit zusammenhängenden Gegenstände*, pages 177 et 178 (de la traduction française) & page 395 (des *Sämmtliche Werke*).

l'« Intelligence », c'est-à-dire celui du savoir. Ce savoir est la liberté créatrice. Et de même que celui de Böhme, le Dieu de Schelling est un Dieu personnel et libre qui est antérieur au devenir ; bien qu'il ne lui soit possible de se manifester que dans le devenir ; de même encore qu'il ne lui est possible de se manifester qu'en tant qu'être libre. La création est donc le résultat de Dieu qui se pose dans l'effectivité par un acte libre. Ainsi, Schelling atteste un Dieu qui s'engendre selon le « verbe », le *logos* créateur, formant ainsi l'« image » de Dieu. Nous avons là une réappropriation du *verbum fiat* boehmien qui se laisse alors conduire vers la possible révélation.

Advient ensuite la question schellingienne cruciale, strictement identique à celle de Böhme : comment penser la suprême origine du Mal, ou plutôt, si la possibilité du Mal est liée à la nécessité de la révélation de Dieu dans sa création, comment Dieu pourrait-il être entièrement disculpé?[212]

Pour Schelling, dans la limite se pose l'illimité de Dieu, ensuite, dans la forme se pose son informe essence, c'est-à-dire son extension jaillissante qui rompt le cercle fermé.

Or – nous l'avons déjà posé (et il s'agit là de la première explication de l'origine du Mal) – tout cela suppose l'affrontement des contraires. L'on sent très bien ici une très forte présence böhmienne : en effet, à la lumière de Böhme, Schelling pose que Dieu doit se rompre pour engendrer. Cette rupture est fondamentale dans la cosmologie – cosmogonie[213] – böhmienne. C'est là une exigence nécessaire : il s'agit d'enfermer, d'étreindre, et simultanément de révéler, de manifester. La fermeture affronte l'ouverture, l'égoïsme affronte le débordement, la contraction affronte l'extension. C'est cela l'unité du Dieu vivant. Il y a là un affrontement du « oui » et du « non », mais dans le registre d'un équilibre des forces.

Ce principe d'équilibre des forces n'est pas non plus exclusivement schellingien : il apparaît très clairement dans la

---

[212] Claude Bruaire, *Schelling ou la quête du secret de l'être*, pages 47 et 48.

[213] Cosmologie et cosmogonie sont indissociables puisque l'épistémologie böhmienne est inséparable de sa conception créatrice et divine.

démarche de Böhme. Selon Schelling, toujours à la lumière böhmienne, la négativité est donc posée en face de la positivité en tant que la négativité est aussi un principe positif : il s'agit d'un simple équilibre des contraires, condition nécessaire à l'être.

Schelling cherche donc à poser Dieu comme l'unité entre « lui-même » et « quelque chose qui n'est pas lui ».[214] Et la création schellingnienne – à l'identique image de celle de Böhme – et l'existence de Dieu de même, sont alors le résultat de la séparation de ces deux termes du « lui-même » et de « ce qui n'est pas lui ».[215] C'est pourquoi Schelling – en toute logique dialectique – pose le Mal comme un principe tout autant positif que le Bien et qui n'est pas réductible à l'imperfection effective et métaphysique.[216]

À partir de Böhme, Schelling affirme alors que le Mal en tant que tel n'apparaît donc pas originellement dans la nature : ce qui apparaît, c'est la négativité comme affrontement équilibré des contraires. L'existence n'est donc pas mauvaise en soi.

Schelling suppose que Dieu a bel et bien voulu que les choses soient ainsi. Cette dernière affirmation pose un cas de conscience à Böhme, pour qui la question de la responsabilité ou de la non responsabilité de Dieu face à la question de la négativité est à la fois irrésoluble et effrayante. Il finit par admettre une telle responsabilité, mais avec réserve : c'est d'abord, la distinction – reprise par Schelling – entre « négativité ontologique, comme principe du contraire » et « négativité comme Mal moral » qui conduit Böhme à une telle acception. C'est ensuite par le problème de la Chute qu'il finit par faire porter à l'homme une responsabilité certaine quant au Mal : ainsi donc, se pose le déséquilibre de l'affrontement des contraires.

---

[214] Martin Heidegger, *Schelling – Le traité de 1809 sur l'essence de la liberté humaine*, pages 178 et 179.

[215] Jean-François Marquet, *Liberté et existence – Étude sur la formation de la philosophie de Schelling*, à partir de la page 279.

[216] Émile Bréhier, *Schelling*, à partir de la page 198.

L'idée schellingienne de Chute et de faute originelle est donc d'abord une identification de la conscience humaine au principe effectif d'une liberté affirmée. Par l'effectivité de la Chute se pose l'auto-affirmation de la volonté propre rompant avec la volonté divine. Mais il ne s'agit pas ici d'une faute. Il s'agit d'une condition de possibilité nécessaire pour que l'homme soit la réponse appropriée à Dieu : l'homme et sa liberté, et donc le Mal effectif. Dans la première rupture, celle de la création, il ne peut être question de faute : c'est seulement dans la seconde décision, celle de l'homme mangeant du fruit, celle donc de l'âme, que se pose un problème éthique.[217]

Aux yeux de Schelling, le Mal – la faille maligne – n'apparaît donc qu'avec l'homme. L'homme est un « être » en tant que l'être[218] ne désigne pas seulement l'être d'une chose, ou encore l'être de son essence : il s'agit d'un étant[219] singulier se tenant en soi-même et formant un tout.[220] L'« étant » est lui-même *ipse* [221], c'est-à-dire qu'il est un « être-soi » en tant qu'il est un « je ».[222]

Et le Mal en l'homme – en tant que « moi » à titre de sujet – est une « maladie » en tant que dissolution de la personnalité humaine : l'individu humain est l'unité – ou plutôt la dichotomie séparée par le choix – des ténèbres et de la lumière, c'est-à-dire de la volonté propre et de la volonté divine. L'utilisation schellingienne de ces deux concepts est un emprunt explicite à Böhme.

Pour Schelling, l'identité humaine diffère de celle de Dieu au sens où l'homme ne peut se réaliser qu'en instituant un déséquilibre des contraires précisément là où le Dieu vivant n'était qu'équilibre. L'homme rend inégales les deux

---

217 Jean-François Marquet, *Liberté et existence – Étude sur la formation de la philosophie de Schelling*, page 308.

218 *Wesen* ou *das Seyn*.

219 *Das Seiende* (soi-même).

220 Martin Heidegger, *Schelling – Le traité de 1809 sur l'essence de la liberté humaine*, pages 186 et 187.

221 Soi-même.

222 Martin Heidegger, *Schelling – Le traité de 1809 sur l'essence de la liberté humaine*, page 193. En ce qui concerne Böhme, voir dans la *De signatura rerum*, chapitre 11, § 10 et 14 ; chapitre 12, § 10, 11, 31, 33 ; chapitre 13, § 29, 30, 31 ; chapitre 15, § de 22 à 25, puis § 29, 37, 41, 42.

puissances contraires : c'est cette inégalité qui rompt la pureté de leur corrélation. Cette inégalité est le Mal.

Dans la création, l'homme est le seul être qui puisse confirmer, par la conscience, l'unité et la séparation de ces forces contraires : il est le seul être qui puisse dire « moi ». Et le résultat du déséquilibre opéré par l'homme est une contraction, un repli, une fermeture : il s'agit donc d'un dérèglement opéré au profit de la négativité, mais considérée pour elle seule, sa positivité étant morte par l'absence. Il se donne là une dissociation, une séparation entre la lumière et les ténèbres. L'âme humaine est incapable, comme Dieu, de combler sa dangereuse contorsion par une exigence d'être : elle s'éloigne donc du centre d'équilibre, s'effondrant alors vers l'un des deux extrêmes de la nuit et du jour, mais davantage vers la nuit que le jour.

Et en tant qu'unique résultat de l'inégalité, le Mal se pose alors comme une pleine manifestation effective d'une concentration pointée sur l'unique *ego*, cet *ego* que Böhme dénonçait par « volonté propre » au détriment de la « volonté divine » et que Schelling réutilise dans son système. La dislocation des contraires – le Mal – apparaît lorsque la volonté propre se substitue à la volonté divine. C'est sur ce point particulier que Schelling fait – manifestement et grandement – référence à Böhme.

Paraphrasant Böhme, il considère que la vie de l'homme est avant tout posée comme un risque d'une séparation d'avec Dieu : la Chute a lieu parce que l'homme se pose dans le désir d'être pour soi, c'est-à-dire dans la volonté propre, ce qui conduit à l'égoïsme. Cet état de rupture de l'homme avec Dieu est un fait alors anormal, celui du Mal. Schelling et Böhme affirment tous deux – et fortement – que la normalité serait la fusion de Dieu et de l'homme, ce dernier transfigurant l'univers. [223]

---

[223] Émile Bréhier, *Histoire de la philosophie allemande*, à partir de la page 128.

V
Le dépassement

1. Böhme ne relève pas de la philosophie.

Il s'agit là surtout d'une affaire terminologique, mais elle n'est pas sans conséquences pour les questions herméneutiques : en effet – et en dépit de l'appellation hégélienne de *philosophus teutonicus*[224] pour désigner Böhme – ce dernier ne se situe pas dans un discours de type philosophique au sens habituel.

D'une part, et malgré les différentes subdivisions par chapitres et par numérotations des paragraphes, les divers thèmes ou concepts des textes böhmiens sont élaborés et explicités sans trame particulière : il n'y a pas véritablement de démonstration organisée, ni de réelle logique d'unité. Cela fut déjà souligné, il s'agit donc d'un texte embrouillé et confus : Böhme n'a aucune idée de ce qu'est un plan.

D'autre part, nous sommes en présence d'un texte utilisant un langage difficilement accessible pour celui qui n'est pas initié – ou tout au moins sensible – au curieux vocabulaire alchimique et astrologique : il s'agit de textes aux caractéristiques hermétiques et hermétistes souvent inabordables. Böhme ne se situe pas dans une tradition occidentale de type rationaliste : ses mots sont une tentative de mise en forme d'une révélation dite « mystique », c'est-à-dire celle d'une expérience du divin en lien fusionnel et effectif avec l'homme – Böhme en l'occurrence – et il s'agit pour lui de transmettre cette expérience. Il met en oeuvre cette transmission avec les moyens culturels qui sont les siens et qui, en terre de Silésie, sont évidents et habituels : la théologie luthérienne, l'astrologie, l'alchimie. Certes – et contrairement à Paracelse dont il hérite la pensée – Böhme n'est pas alchimiste ou astrologue, mais il se situe selon toute évidence dans une pensée de la médecine, de l'alchimie et de l'astrologie : Böhme ne pratique pas les sciences ésotériques[225], mais son système en

---

[224] G.W.F. Hegel, *Leçons sur l'histoire de la philosophie*, tome 6, page 1298.

[225] Selon Alexandre Koyré (*La philosophie de Jacob Boehme*, page 8), il semblerait que Böhme se soit pourtant adonné à l'exercice de la prédiction.

est fortement imprégné. Il ne s'agit donc pas d'une alchimie, ou d'une astrologie, qui se pose dans la *praxis*, c'est-à-dire comme opératoire, mais plutôt d'un savoir donné comme spéculatif : il s'agit d'une compréhension de l'alchimie donnée comme conception du monde, dans le monde, et dont le résultat souhaité est la guérison par la pensée de la transmutation sous l'unique regard du Christ révélé.

2. Böhme et l'impossibilité d'un système.

Ainsi, Böhme n'est pas philosophe au sens où ce n'est pas la raison qui le guide mais l'intuition révélatrice qu'il qualifie de divine et qu'il met en œuvre par un discours mystico-alchimique chaotique. C'est, selon toute évidence, pour ces motifs qu'il se situe alors dans l'impossibilité d'établir un « système » : or, c'est justement l'objectif de Schelling[226] que d'opérer une telle tentative, en particulier dans le cadre d'une vue scientifique du monde.[227] L'enjeu de la pensée

[226] Schelling reconnaît en l'Idéalisme la démarche d'un système complet de la liberté, mais elle est trop imprécise et insuffisamment déterminée [F.W.J.Schelling, *Philosophische Untersuchungen über das Wesen der menschlichen Freiheit und die damit zusammenhängenden Gegenstände*, pages 96 et suite (de la traduction française) & pages 351 et suite (des *Sämmtliche Werke*)]. Définition de l'Idéalisme selon Martin Heidegger : *Schelling – Le traité de 1809 sur l'essence de la liberté humaine*, page 160.

[227] La liberté dans le cadre d'une vue scientifique du monde : la *Freiheitschrift* a pour démarche, selon Heidegger, premièrement, de délimiter le concept de liberté, et deuxièmement, de replacer ce concept dans l'ensemble de ce que Schelling appelle la « totalité de la vue scientifique du monde » [F.W.J.Schelling, *Philosophische Untersuchungen über das Wesen der menschlichen Freiheit und die damit zusammenhängenden Gegenstände*, page 81 (de la traduction française) & page 336 (des *Sämmtliche Werke*)]. Premièrement donc, Schelling pose l'évidence – le lieu commun – de notre sentiment d'un fait (*Tatsache*) de la liberté: il s'agit bien d'une expérience immédiate. Or une telle expérience ne nous donne pas accès au concept de la liberté. [F.W.J.Schelling, *Philosophische Untersuchungen über das Wesen der menschlichen Freiheit und die damit zusammenhängenden Gegenstände*, page 81 (de la traduction française) & page 336 (des *Sämmtliche Werke*). Voir aussi, Martin Heidegger, *Schelling – Le traité de 1809 sur l'essence de la liberté humaine*, page 36]. Deuxièmement, que signifie alors l'expression schellingienne de « totalité de la vue scientifique du monde »? Aux vues de l'Idéalisme allemand en général, et pour Schelling en particulier, « science » veut dire « philosophie », c'est-à-dire le savoir des fondements premiers et derniers, et l'exposition de ce savoir selon un enchaînement logique et bien fondé. Le terme de science n'a donc rien à voir ici avec le sens qu'il peut avoir aujourd'hui, à savoir, selon Heidegger, la connexion des choses (dans la nature, dans l'histoire), fondée sur les résultats de la recherche scientifique. [Martin Heidegger, *Schelling – Le traité de 1809 sur l'essence de la liberté humaine*, pages 38 et 39.]. Le terme schellingien de « vue-du-monde » (*Weltansicht*) est ici quasi l'équivalent du terme kantien de « vision du monde » (*Weltanschauung*), et qui désigne l'expérience immédiate de ce qui est donné aux sens, c'est-à-dire l'expérience des phénomènes. À partir de Kant, Schelling a pour projet de montrer qu'il ne peut y avoir qu'un seul « monde » comme totalité des choses, mais qu'il y a bien une pluralité de « mondes », si « monde » désigne un aspect (*Anblick*) particulier de celui-ci pris sur le tout. Schelling développe donc une dimension perspectiviste du monde. [Martin Heidegger, *Schelling – Le traité de 1809 sur l'essence de la liberté humaine*, pages 40 et 41.]. Selon Heidegger,

schellingienne est donc de s'appuyer sur les intuitions böhmiennes en vue de les radicaliser.

3. Schelling et la possibilité d'un système.

Ce que Schelling a puisé alors dans le texte böhmien – du point de vue philosophique – c'est donc effectivement la possibilité d'établir un système de la liberté[228] et du Mal. Et

---

l'expression « vue scientifique du monde » désigne donc pour Schelling un « *(...) projet qui ouvre l'étant en totalité, tel qu'il est déterminé dans son unité et son articulation par le savoir véritable, au sens de la philosophie.* » [Martin Heidegger, *Schelling – Le traité de 1809 sur l'essence de la liberté humaine*, page 42.]. Et, selon Heidegger toujours, le questionnement philosophique est toujours à la fois onto-logique et théo-logique: la philosophie est ontothéologie. [Martin Heidegger, *Schelling – Le traité de 1809 sur l'essence de la liberté humaine*, page 95.]. Le terme d'ontologie désigne la question de la vérité, de même que celle du fond de l'être. Quant au terme de théologie, il désigne la question de l'être du fond, du fondement. En ce sens, pour Schelling, le mouvement interne de la question essentielle est le rapport entre la question théologique du fondement de l'étant en totalité, et la question ontologique de l'essence de l'étant comme tel. Il s'agit d'une circularité ontothéologique. [Martin Heidegger, *Schelling – Le traité de 1809 sur l'essence de la liberté humaine*, page 119.]. C'est cela même qui autorise un principe de la connaissance. La notion schellingienne de « Principe de la connaissance », désigne le fondement déterminant ce qui rapporte l'homme à l'étant au sein du connaître. [Martin Heidegger, *Schelling – Le traité de 1809 sur l'essence de la liberté humaine*, page 99.].

[228] Qu'est-ce qu'un « système de la liberté ? La connaissance véritable du système n'est possible que par la séparation, c'est-à-dire donc par la « science » (ce qui signifie pour Schelling « philosophie », nous l'avons vu) et par la « dialectique » [F.W.J.Schelling, *Philosophische Untersuchungen über das Wesen der menschlichen Freiheit und die damit zusammenhängenden Gegenstände*, pages 194 et 195 (de la traduction française) & page 414 (des *Sämmtliche Werke*).]. Le système n'est pas une simple structure à compartiments. Ce qui constitue un système, « *(...) c'est l'ajointement interne de ce qui est l'objet possible d'un savoir, c'est le déploiement et la configuration qui le fondent.* » [Martin Heidegger, *Schelling – Le traité de 1809 sur l'essence de la liberté humaine*, page 58]. Il s'agit donc d'une cohésion logique qui puisse échafauder un savoir en vue de son propre déploiement. [Martin Heidegger, *Schelling – Le traité de 1809 sur l'essence de la liberté humaine*, page 59]. Or l'Idéalisme allemand est lui-même au principe d'une tentative d'élaboration du système, en tant qu'il est « *(...) la totalité de l'être dans la totalité de sa vérité et de l'histoire de sa vérité.* » [M.Heidegger, *Schelling – Le traité de 1809 sur l'essence de la liberté humaine*, page 91]. Une telle conceptualisation du système est alors l'objet du questionnement schellingien à partir duquel se pose l'élaboration d'un possible système de la liberté. liberté et système sont-ils conciliables? Selon Heidegger, poser l'impossibilité d'un système de la liberté fait alors apparaître deux difficultés : ou bien le système est maintenu, et dans ce cas, la liberté doit disparaître, ou bien, la liberté est maintenue, et dans ce cas, il faut renoncer au système. Or, Schelling se débarrasse de ces deux entraves en posant ceci : si un individu libre existe effectivement, cela suppose qu'il est en relation avec le monde en totalité. Et ce rapport suppose déjà le système, car – selon Heidegger – un étant s'oppose à ce qui est autre que lui-même, et contribue ainsi à le poser comme tel. C'est dans cette opposition que l'étant affirme cet autre que lui-même – de la même manière qu'il s'affirme pour soi – cette opposition contribuant à poser l'autre. Ce rapport de l'étant à l'autre que lui-même est déjà système. Il faut donc qu'il y ait système si un étant existe pour soi. [Martin Heidegger, *Schelling – Le traité de 1809 sur l'essence de la liberté humaine*, pages 92 et 93.]. À partir de là, si l'homme est posé comme libre, il y a nécessairement un système possible qui soit compatible avec la liberté. [Martin Heidegger, *Schelling – Le traité de 1809 sur l'essence de la liberté humaine*, page 93.]. Et de même que le système est compatible avec la liberté – au moins dans l'entendement divin [Martin Heidegger, *Schelling – Le traité de 1809 sur l'essence de la liberté humaine*, page 94.] – il est aussi parfaitement accessible à la connaissance humaine. [Martin Heidegger, *Schelling – Le traité de 1809 sur l'essence de la liberté humaine*, page 103]. Cet accès d'un système de la liberté à

pour Schelling, contrairement à Böhme, la question du Mal et de la liberté est d'abord celle d'un « concept » du Mal et de la liberté[229] et non celle d'une « intuition » : ce concept se doit d'être nécessairement situé au centre même de la totalité de l'être. Schelling systématise l'intuition böhmienne que la racine du Mal se situe dans l'« égoïté »[230] qui pousse l'homme à se faire l'ennemi du Dieu vivant.[231]

Böhme, en effet, en reste à des considérations vagues et métaphoriques : le Mal est la condition de possibilité de la liberté parce qu'il conduit à l'élaboration de l'homme, celui-ci mettant en mouvement les contraires de la nature et les soumettant à l'opposition dialectique du Bien et du Mal. Ce que Schelling retient de Böhme, c'est que la question de la liberté humaine ne se soumet pas à des considérations empiriques ou sensibles, mais se situe au stade non-habituel de l'homme, celui de l'esprit, non pas au sens de *Verstand* [232], mais au sens de *Seele* [233] : il y a là une dimension fortement spiritualiste d'une conception de l'homme.[234]

---

la connaissance humaine pose alors que le concept de liberté lui-même touche aux principes fondamentaux de la philosophie comme système. Certes, une certaine tradition de la philosophie présume que penser le concept de liberté est incompatible avec l'élaboration d'un système. Or, Schelling va à l'encontre de ceci. Son projet est au contraire de poser que le concept de liberté vise le système lui-même. Il s'agit donc de montrer qu'un système de la liberté est possible. [F.W.J.Schelling, *Philosophische Untersuchungen über das Wesen der menschlichen Freiheit und die damit zusammenhängenden Gegenstände*, pages 124, 125 et 126 (de la traduction française) & page 336, 337 et 338 (des *Sämmtliche Werke*). Voir aussi, Martin Heidegger, *Schelling – Le traité de 1809 sur l'essence de la liberté humaine*, page 46].

229 Martin Heidegger, *Schelling – Le traité de 1809 sur l'essence de la liberté humaine*, page 45.

230 *Ichheit.*

231 Jean-François Marquet, *Liberté et existence – Étude sur la formation de la philosophie de Schelling*, page 577.

232 Entendement.

233 Âme.

234 Denis Rosenfield, *Du mal – Essai pour introduire en philosophie le concept du mal*, pages 81 et 82.

VI
Enjeux du lien

1. La théosophie comme réponse à la quête schellingienne d'une totalité de l'être.[235]

Schelling avait saisi qu'il n'était pas pertinent de rejeter trop aisément la démarche théosophique. Elle est manifestation d'une exigence :

> « *(...) l'exigence qui se manifeste jusque dans les systèmes* [ceux des doctrines mystiques] *ne se laisse pas écarter du seul fait qu'on les traite de but en blanc comme non scientifiques. Non scientifiques, ils le sont assurément, mais avec cela l'exigence qui est à leur fondement n'est pas satisfaite.* »[236]

Il y a bien une portée « philosophale » de la pensée schellingienne : l'univers est la révélation d'une alchimie ininterrompue.[237] L'être de ce monde est le résultat d'une seule et même substance qui, du point de vue « inférieur » est tourné vers les propriétés corporelles, mais qui, d'un point de vue « supérieur », est tourné vers l'esprit, c'est-à-dire qui s'oriente vers l'être spirituel.[238] Cela renvoie évidemment à l'homme, à sa nature médiatrice et double, et le processus alchimique est alors le coeur[239] de cette substantialité à la fois « une » et « dichotomique » : l'alchimie est révélation de l'être de l'homme en sa totalité. C'est pour cette raison que Schelling s'est intéressé à Böhme et à la théosophie : elle ne se laisse pas saisir par une rationalité brutale et toute puissante, elle-même – aux yeux de Schelling – impuissante à répondre au « sens »[240] d'une totalité de l'homme. Au contraire, l'acte du « connaître » doit partir du « centre invisible », celui de l'« esprit dynamique »[241], pour rayonner et ainsi illuminer le monde. Schelling refuse de livrer la nature et l'homme à la seule

---

[235] Françoise Bonardel, *Philosophie de l'alchimie - Grand Œuvre et Modernité* », pages 5 et 6, et de la page 496 à la page 505.
[236] F.W.J.Schelling, *Philosophie de la Révélation*, pages 143 et 144 du premier tome.
[237] F.W.J. Schelling, *Les Âges du Monde*, page 115 : « *Tout ce qui se passe autour de nous n'est, si l'on veut, qu'une alchimie ininterrompue.* »
[238] F.W.J.Schelling, *Les Âges du Monde*, page 114.
[239] *Gemüth.*
[240] *Sinn.*
[241] F.W.J.Schelling, *Les Âges du Monde*, page 9.

physique empirique ou spéculative, celle d'un réalisme dont l'objectif n'est que de « *(...) compter un grain de sable après un autre pour édifier l'univers* ».[242]

C'est pourquoi la nature se doit d'être elle-même une « poétique » de l'esprit et du corps, mais non pas au sens d'une rêverie naïve : elle est davantage celle d'une manifestation du *Gemüth*, lui-même porteur du *Geist*, lui-même encore mystérieusement tout aussi réel que n'importe quel objet extérieur.

La nature est alors l'unité et la dichotomie du « sujet » et de l'« objet » dans le devenir terrestre : elle doit être l'esprit visible, et l'esprit doit être la nature invisible.[243] Et Schelling ne cesse de conduire sa tentative d'une élaboration du système vers la quête infinie de ce rapport d'identité mystérieuse entre l'esprit et la nature. C'est pourquoi, il lui est nécessaire d'élaborer une pensée de l'unité et de la séparation de ces deux principes – à la fois identiques et différents – et de fonder une telle élaboration en termes de retournements et de croisements des opposés : l'esprit et la nature, et donc, le « oui » et le « non », le Bien et le Mal.

Cette rencontre est bien la formulation alchimique – de toute évidence de forte inspiration böhmienne – du lien entre le « Soufre » et le « Mercure », régit par le « Sel », troisième principe, régulateur des deux autres.[244] Il y a là un procédé d'union et de séparation en vue d'une présence du sujet et de

---

[242] F.W.J.Schelling, *Les Âges du Monde*, page 14.

[243] F.W.J.Schelling, *Essais*, page 86.

[244] Les trois principes [Sur ce point, consulter André Savoret, *Qu'est-ce que l'alchimie ?* Lire aussi Serge Hutin, *L'alchimie*. Lire encore Jean Chevalier et Alain Gheerbrant, in « *Le Dictionnaire des symboles* »] : le monde est composé de deux principes opposés, et d'un troisième terme intermédiaire : le Soufre, le Mercure, et le Sel (ou l'arsenic). Ils ne désignent pas les corps chimiques du même nom, mais signifient les qualités de la matière. À chaque principe l'on peut associer des caractéristiques générales. Il s'agit de la « *loi du triangle* ». Le Soufre est le principe actif, la forme, le masculin, le père des métaux, le chaud. En ce sens, il est le principe fixe, c'est-à-dire l'élément Terre (le visible, le solide) et l'élément Feu (l'occulte, le subtil). Le Mercure est le principe passif, la matière, le féminin, la mère des métaux, le froid. En ce sens, il est le principe volatil, c'est-à-dire l'élément Eau (visible – liquide) et l'élément Air (occulte – gazeux). Le Sel est le principe intermédiaire : il est le moyen d'union entre le Souffre et le Mercure, et désigne l'esprit vital d'unification de l'âme et du corps. Ces trois principes sont donc en lien étroit avec les quatre éléments. Leur distinction n'est que rhétorique et sémantique, et non ontologique. C'est le feu central, le feu de l'alchimiste, qui autorise les diverses combinaisons entre ces trois principes.

l'objet, de l'idéal et du réel, du spirituel et du naturel, selon des rapports propres à chaque sphère.[245]

Ainsi, ni la nature, ni l'esprit, et donc, ni le Mal, ni la liberté, ne peuvent être pensés isolément, mais seulement conjointement. Et c'est cela la théosophie böhmienne : décider à reconnaître le désir de se conduire soi-même – et le monde – hors de l'obscurité matérielle – celle de la pesanteur[246] – en vue de la lumière de l'esprit.[247]

Et c'est la conduite vers la lumière qui est alors aussi précisément celle d'une progressive conscience de la factualité du Mal et donc de la liberté. Cette conduite est celle des quatre étapes des quatre éléments[248] : l'on passe du règne minéral, puis végétal et animal, au règne de l'homme, par le passage de la fixité de la « Terre » au caractère éthérique de l'« Air », puis à la fluidité de l'« Eau ». C'est dans l'élément « Eau » qu'apparaît alors le vivant biologique, mais c'est le dernier élément – le « Feu » – qui transcende alors le terrestre et introduit la transformation et l'esprit dans la nature : le « Feu » est l'empreinte de l'essence lumineuse, il divinise et éternise la nature.[249] En ce point, jamais Schelling n'a été si proche de Böhme : il y a unité entre esprit et nature, le « oui » et le

---

[245] Claude Bruaire, *Schelling ou la quête du secret de l'être*, page 22.
[246] *Grund*.
[247] *Geist*.
[248] Les quatre éléments : [Sur ce point, consulter André Savoret, *Qu'est-ce que l'alchimie ?* Lire aussi Serge Hutin, *L'alchimie*. Lire encore Jean Chevalier et Alain Gheerbrant, in « *Le Dictionnaire des symboles* »] à partir de la Matière Première (la lumière solaire), le monde se divise en quatre éléments, que la tradition occidentale, plus particulièrement présocratique, mais aussi platonicienne (parcourir le *Timée* de Platon, par exemple), considèrent comme établie. À l'Eau, la Terre, l'Air, et le Feu, se rajoute un cinquième élément nommé l'Éther, ou la Quintessence (que Böhme appelle le Saint-Élément). Ces éléments ne désignent pas des réalités concrètes, mais représentent des modes de la matière, et correspondent à l'état apparent de la matière. À chaque élément, l'on associe des caractéristiques générales. La Terre est figure de l'état solide et visible, et correspond aux qualités du sec et du froid. L'Eau est figure de l'état liquide et visible, et correspond aux qualités de l'humide et du froid. La symbolique alchimique attribue l'Eau à trois principales dimensions : elle est source de vie, moyen de purification, et centre de régénérescence. L'Air est figure de l'état volatil et invisible, et correspond aux qualités de l'humide et du chaud. La symbolique alchimique attribue l'Air à la dimension spirituelle : l'élément Air est le symbole sensible de la vie invisible. Le Feu est figure de l'état éthéré et invisible, et correspond aux qualités du sec et du chaud. La symbolique alchimique attribue le Feu à la dimension de la mort et de la renaissance. Ces quatre éléments entrent dans le cadre d'une transformation régulière : le Feu se condense en Air, l'Air se liquéfie en Eau, l'Eau se solidifie en Terre, la Terre se sublime en Feu. Puis, inversement: le Feu se condense en Terre, la Terre se dissout en Eau, l'Eau se vaporise en Air, l'Air opère une raréfaction et devient Feu.
[249] F.W.J.Schelling, *Essais*, pages 114, 117, et 122.

« non », le Bien et le Mal, parce qu'il s'agit de l'unité éternelle du fini et de l'infini.[250]

Et lorsque l'homme – au cœur même de ce réel – se laisse alors porter par la volonté universelle au détriment de sa volonté propre, il touche à la vérité du divin. C'est cela la « Pierre Philosophale » schellingienne : la liberté accomplie, en réjouissance d'elle-même parce qu'elle engendre le désir d'extinction de la volonté de soi-même, en ce sens donc, l'éradication du Mal.

2. La nature et l'esprit garants de la question du Mal.

Le lien de la nature à l'esprit – ou de l'esprit à la nature – constitue la philosophie schellingienne de la nature qui conduit à celle du Mal et de la liberté. Schelling doit à Böhme cette confusion d'une philosophie naturelle avec la théogonie, constituant par là le principe même de la théosophie : une compréhension de l'univers inséparable de celle de Dieu par l'expérience mystico-spéculative.

Schelling et Böhme dégagent par là les principes de la puissance divine : Dieu, pour « être », a besoin d'un fondement d'une nature qui lui appartienne et qui soit en même temps distincte de lui. L'enjeu – à la fois schellingien et böhmien – est alors de remplacer le Dieu abstrait, lointain, desséché, par un Dieu vivant, concret, proche, c'est-à-dire un Dieu réel, et donc, par extension, de poser le problème du Mal également comme une question vivante, concrète, proche et réelle.[251]

3. Le Bien et le Mal en tant que « possibles ».

Le Bien et le Mal – à partir donc du lien de la nature à l'esprit, c'est-à-dire à partir du principe dialectique – constituent une « possibilité », ou bien « conjointement », ou bien « séparément ».

---

[250] F.W.J.Schelling, *Essais*, page 104.

[251] Xavier Tilliette, *Schelling, une philosophie en devenir*, pages 526 du premier tome, note n°72.

Dans le premier cas, il s'agit du libre-arbitre : l'esprit choisit parce qu'il est libre à l'égard des deux principes de la lumière et de l'obscurité.

Dans le second cas, il s'agit d'une impossibilité de la liberté, parce que l'esprit est prisonnier de la lumière et de l'obscurité : il ne peut y avoir révélation de l'amour sans qu'il y ait simultanément la contradiction de l'amour.

Assurément, pour Schelling, par le fait de la liberté, le Mal est issu du principe de la volonté : l'homme ne saurait rester dans l'état d'indécision. La nécessité « et » la liberté – ensemble – supposent la nécessité « de » la liberté et donc la nécessité du choix et l'impossibilité de rester en retrait de ce choix.

C'est en ce sens que le choix de la volonté propre – c'est-à-dire celui du Mal – est alors un acte profondément libre, et toute l'histoire humaine – c'est-à-dire, de même, toute histoire de l'individu sujet – y est rattachée.[252]

4. Le Mal comme question métaphysique.

Nous l'avons vu, la grande affaire schellingienne et böhmienne est d'élaborer un développement où l'existence est posée comme une figure de la liberté. Pour parvenir au sujet libre, Schelling et Böhme orientent alors leurs regards respectifs vers l'obscurité, le nocturne, le sombre, le nocif.

Ce n'est que par la compréhension du pouvoir de la positivité du Mal qu'ils leur est possible de traverser le fond du réel.[253] Le Mal est une perversion, mais une perversion positive – nous l'avons déjà souligné – et il repose sur ce que la nature contient d'absolument positif de même : cette positivité du « non » est la profonde mélancolie[254] et la grande tristesse de Dieu étendues dans toute la nature.[255]

---

[252] Xavier Tilliette, *Schelling, une philosophie en devenir*, de la page 528 à la page 531 du premier tome.
[253] Miklos Vetö, *Le fondement selon Schelling*, pages 17 et 18.
[254] *Schwermut.*
[255] Emilio Brito, *La création selon Schelling – Universum*, de la page 563 à la page 573.

Avec Schelling en particulier, le Mal ne se pense alors plus seulement comme une simple prise de conscience existentielle, mais comme une catégorie métaphysique – cela aussi, nous l'avons souligné – c'est-à-dire comme un savoir de l'intelligible qui pose l'idée que le « fondement » se révèle comme liberté pécheresse et l'« existant » comme liberté d'amour.

La spéculation schellingienne – à partir de Böhme – est une métaphysique où tout le réel – c'est-à-dire l'esprit, le corps, la liberté et la nature – se trouvent déterminés par la fonction effective des deux catégories du Bien et du Mal.[256]

C'est donc une métaphysique du Mal qui doit fonder la question du réel – c'est-à-dire la question de l'être – et ce fondement est alors celui du système de la liberté.[257]

Cette métaphysique est l'expression du concept de la « dissolution des liens » – c'est-à-dire de l'ajointement – et donc celui de la « perversion ». Le lien, c'est le rapport entre l'amour et le fondement ; et le Bien et le Mal s'établissent en fonction de ce rapport. Le Bien est la soumission du fondement à l'amour ; le Mal est la révolte du fondement face à l'amour. L'enjeu en est l'affirmation ou l'absence de l'harmonie ou de la disharmonie de l'ordre et du désordre : la véritable perversion est le désordre. Certes, en Dieu, le lien ne peut être brisé – le *Grund* reste dans la position sienne – mais pour l'homme le lien est dissoluble et le Mal est l'effectivité de la dissolution.[258]

La métaphysique du Mal a pour objectif de montrer que celui-ci est « ce qui ne doit pas être » mais « qui pourtant est » : l'identification du Mal à la dissolution du lien. Mais la dissolution du lien ne signifie pas « séparation » : elle signifie « mauvaise relation ».[259] La métaphysique ne concerne donc pas spécifiquement les entités elles-mêmes mais plutôt les « relations » entre les entités : l'unité est la loi relationnelle de l'être mais la révolte du fondement révèle l'unité fausse. L'unité fausse est la perversion du fondement et de l'amour. Le

[256] Miklos Vetö, *Le fondement selon Schelling*, pages 19 et 20.
[257] M.Heidegger, *Schelling – Le traité de 1809 sur l'essence de la liberté humaine*, page 181.
[258] Miklos Vetö, *Le mal radical selon Schelling*, pages 66 et 67.
[259] Miklos Vetö, *Le mal radical selon Schelling*, page 67.

fondement n'est pas le Mal lui-même : il est le lieu du Mal dans son surgissement contre l'amour. Le Bien et le Mal sont donc la même chose mais vus d'une perspective relationnelle différente, c'est-à-dire vus selon la fonction de l'unité ou de la dissolution. Ainsi, le Mal n'est pas une donnée mais un avènement : un principe qui surgit selon la disposition du fondement.

Par conséquent, le Bien et le Mal sont les données propres de la métaphysique schellingienne, c'est-à-dire les deux concepts suprêmes de la philosophie. Ces données relèvent de la volonté et seule la notion de volonté peut être principe d'une métaphysique de la relation : la « volonté propre » entraîne la dissolution du lien, la « volonté universelle » préserve l'unité du lien. [260]

[260] Miklos Vetö, *Le mal radical selon Schelling*, pages 67, 68 et 69.

Fin et suite

Ce bref essai est l'occasion d'une confrontation : la mise en présence de Schelling et de Böhme conduit à se heurter à la question du Mal en tant que figure positive et manifeste. Il s'agit d'attribuer la négativité au principe d'une réalité ultime : la lecture de Böhme par Schelling renvoie le Mal à la dimension ontologique puis métaphysique.

Cette lecture permet à Schelling d'élargir son champ conceptuel et de dépasser les considérations exclusivement morales. C'est bien Böhme qui est à l'origine de la doctrine du *Grund* [261] : Schelling lui doit la dimension dialectique de l'être de ce monde, du Bien et du Mal, de la volonté universelle et de la volonté propre. Il radicalise le rapport de l'unité et de la dissolution pour en montrer l'enjeu : le Mal est la condition de possibilité de la liberté ; il est garant d'une possibilité d'élévation de l'homme, c'est-à-dire qu'il est figure alchimique d'une conduite vers la lumière.

En se servant de Böhme, Schelling s'inscrit dans une tradition qui est en quête de la proximité divine : Böhme témoigne d'une familiarité avec le Dieu vivant oeuvrant dans le monde en vue de vaincre le Mal qu'il a lui-même conduit à rendre nécessaire.

Ainsi, à partir de l'expérience böhmienne du fondement, Schelling développe alors un savoir contemporain du principe d'une présence au monde. Il scrute le drame de la création et tente de répondre à la tristesse qui voile l'existence alors que l'existence devrait partager la joie du Dieu vivant : la tristesse et la joie – c'est-à-dire, par extension, le Mal et le Bien – sont les motifs de la règle essentielle en vue du sens.

La lecture schellingienne de Böhme montre que l'évocation d'une expérience mystique n'est pas seulement une solution spéculative au problème de la finitude : elle ouvre aussi la voix

[261] Miklos Vetö, *Le mal radical selon Schelling*, page 63. Voir aussi *Le fondement selon Schelling*, page 298, note n°53.

d'une « régénération » effective. Le vivant terrestre est une tension pour surmonter le fondement en vue d'un anéantissement de la possibilité du Mal.[262]

[262] Marc Maesschalk, *L'anthropologie politique et religieuse de Schelling*, lire en particulier de la page 195 à la page 201.

Annexe
I

Liste explicitée et non exhaustive des concepts de la *De signatura rerum*

Les concepts de cette liste concernent surtout les terminologies
liées à l'ensemble du système de la nature et de l'homme.

Ces concepts sont, la plupart du temps, fort obscurs et difficiles à comprendre dans le texte
si l'on n'est pas initié au vocabulaire alchimique.

- Air.

Développement effectué sous « Éléments (les quatre) » et « Formes (les sept) ».

L'Air désigne l'un des quatre éléments, aux côtés de la Terre, de l'Eau et du Feu. La symbolique alchimique attribue l'Air à la dimension spirituelle : l'élément Air est le symbole sensible de la vie invisible.[263]

- Alchimie et astrologie.

1. l'alchimie comme principe révélateur de la dialectique.

Jacob Böhme est l'un des représentants les plus importants de la mystique spéculative, mais il nous faut voir en lui aussi un héritier de la tradition alchimique. Selon la légende, il eut sa première grande expérience visionnaire le 29 janvier 1600, à la vue d'un assiette d'étain : elle est signe d'une contemplation du minéral comme source de révélation, et dans le cas de Böhme, comme révélation de la dialectique.

Ernst Bloch commente cette illumination, rapportée par le premier biographe de Böhme, Abraham von Frankenberg [264] : « *Un dimanche matin, il* [Jacob Böhme] *avisa dans son échoppe de cordonnier, sur une étagère fixée au mur, une assiette d'étain ; cette assiette brillait "d'un bel éclat jovien", pour employer les termes mêmes de Jakob Böhme. L'étain est consacré à Jupiter, d'où l'épithète "jovien" qui dérive du génitif latin de Jupiter,* Jovis. *Mais voici l'important : en remarquant le rayon de lumière sur le fond sombre de l'étain, Böhme comprit soudain que la lumière ne peut se révéler que sur un fond d'obscurité. Le rayon de lumière sur le fond sombre de l'étain lui apprend que la lumière a besoin de l'obscurité pour*

---

263 Jean Chevalier et Alain Gheerbrant, *Le Dictionnaire des symboles*, page 19.

264 Abraham von Frankenberg, *De vita et scriptis Jacob Böhmes*, § 11, cité par Alexandre Koyré, *La philosophie de Jacob Böhme*, page 19.

se manifester, que toute chose a besoin d'une contrepartie, que le "oui" n'existe pas sans le "non", que le monde est fait de contrastes, qu'il est objectivement dialectique. »[265]

Nous avons là, un premier élément essentiel de la pensée de Böhme : celle de la notion de « contradiction ».

La tradition alchimique montre que l'affrontement des contraires est, avant d'être une idée spéculative, l'un des piliers du procédé alchimique dans le cadre du Grand-Œuvre. Et c'est aussi le cadre de l'histoire qui en révèle l'une des nombreuses facettes.

Ernst Bloch rapporte que « *Le peuple livré à ses ruminations s'interrogeait sur la représentation et le malheur qui, après les guerres des paysans, frappaient les déshérités, et le problème central de la philosophie de Böhme du rapport entre la lumière et les ténèbres dans un monde pervers relevait de la réflexion métaphysique, du mysticisme obscurantiste, mais aussi de la dialectique la plus profonde qui ait existé depuis Héraclite.* »[266] Et plus loin : « *Si l'on s'efforce de dégager (...) les traits particuliers de cette philosophie essentiellement dialectique, on constate qu'elle constitue (...) la première dialectique objective depuis Héraclite.* » [267]

2. L'alchimie : idées vraies et idées fausses.

À propos des manipulations du Grand-Œuvre, il faut rappeler que Böhme, le cordonnier de Görlitz, ne se souciait guère de l'alchimie opérative : il en détenait simplement les principaux fondements, sources de sa pensée.

Au sujet du problème de l'alchimie, Pierre Garniron, dans son entreprise de traduction et de présentation des *Leçons sur l'histoire de la philosophie* de Hegel, note que « *Les textes de Böhme cités par Hegel (...) présentent de nombreuses notions*

---

[265] Ernst Bloch, *La philosophie de la Renaissance*, page 79.
[266] Ernst Bloch, *La philosophie de la Renaissance*, page 78.
[267] Ernst Bloch, *La philosophie de la Renaissance*, page 81.

empruntées à Paracelse, et, à travers lui, à la tradition alchimique en général. »[268]

Alors posons d'emblée ce que l'alchimie n'est pas : la véritable alchimie n'a pas pour but d'entretenir les illusions des faiseurs d'or physique.

D'où la remarque d'André Savoret : « *Pour le commun des mortels, comme sans doute pour certains alchimistes (ou se croyant tels), l'alchimie est essentiellement "l'art de faire de l'or". L'unique différence entre ceux-ci et ceux-là, c'est que les premiers tiennent un tel art pour chimérique, alors que les seconds en affirment la réalité. (...). Inutile d'entamer ici des controverses superflues. (...). Si l'or et les passions qu'il suscite, l'or et les maux qu'il provoque, l'or et les crimes qui lui font cortège avait été l'unique ou le principal but poursuivi par les alchimistes, si son éclat fascinateur avait été l'unique lumière de leur âme, nous ne pourrions que les plaindre et tenir à bon droit pour folie leur prétendue sagesse. (...) Si nous lisons de véritables initiés à la science d'Hermès, tels que Khunrath, J.Böhme, d'Eckartshausen, (...), nous finissons par nous apercevoir que tout en discourant* aussi *de l'Œuvre métallique, ils parlent* surtout *d'autre chose.* »[269]

L'alchimie a donc été réduite, et parfois ridiculisée, par les modernes et les contemporains, pour n'en faire souvent qu'une très vague rêverie poétique, ou bien encore une proto-chimie, mais aussi une proto-physique, plus ou moins naïves, qui auraient eu l'une ou l'autre bonne intuition, et qui en tous les cas s'illustrent dans une préhistoire de la pensée scientifique moderne. Il ne s'agit pas ici d'analyser la pertinence ou l'absurdité de tels propos : nous n'avons pas, de toute façon, les connaissances scientifiques ou épistémologiques nécessaires pour répondre à cela. Il ne s'agit pas non plus de faire une histoire de l'alchimie, avec ses nombreuses variantes, ses nombreux cas particuliers : nous nous cantonnerons simplement

---

[268] Pierre Garniron, extrait de la *note complémentaire n°34 sur l'Alchimie*, page 1787, dans les *Leçons sur l'histoire de la philosophie* de G.W.F.Hegel, tome 6.
[269] André Savoret, *Qu'est-ce que l'alchimie?*, pages 17 et 18.

aux grands principes généraux, sans nous attarder pourtant à la théorie de la transmutation des métaux, car celle-ci présente un certain nombre de difficultés que nous ne souhaitons pas aborder ici.

3. Définition de l'alchimie.

Posons alors pour le moment une détermination globale de ce qu'est la véritable alchimie :

En premier lieu, André Savoret nous informe que « *L'Alchimie vraie, l'Alchimie traditionnelle, est la connaissance des lois de la vie dans l'homme et dans la nature et la reconstitution du processus par lequel cette vie, adultérée ici-bas par la chute adamique, a perdu et peut recouvrer sa pureté, sa splendeur, sa plénitude, et ses prérogatives primordiales : ce qui, dans l'homme moral s'appelle rédemption ou régénération; réincrudation dans l'homme physique; purification et perfection dans la nature, enfin, dans le régime minéral proprement dit : quintessenciation et transmutation.* »[270]

Deuxièmement, l'alchimie englobe toute la création. Elle a pour but de régénérer la nature et l'homme. Elle a pour cadre d'acceptation la notion biblique de Chute décrite dans le mythe de la « Genèse » : l'homme, seul responsable de sa propre Chute, et donc de celle de la nature avec lui.

Troisièmement, l'alchimie contient à la fois un champ spirituel (la dimension spéculative de l'alchimie) et un champ d'expérimentation (la dimension opératoire de l'alchimie), attribués tous deux à tous les domaines concrets du vivant : « *Il existe donc une alchimie intellectuelle, une Alchimie morale, une sociale, une physiologique, une astrale, une animale, une végétale, une minérale, et bien d'autres encore. Mais l'alchimie spirituelle demeure le modèle, la clé et la raison des autres.* »[271]

---

270 André Savoret, *Qu'est-ce que l'alchimie?*, pages 18 et 19.
271 André Savoret, *Qu'est-ce que l'alchimie?*, page 19.

Dernièrement, le Grand-Œuvre est donc l'acte opératoire de ce retour de l'homme dans sa dimension première et pure. Il n'a donc rien à voir avec une quelconque recherche d'or matériel, nous l'avons déjà souligné. L'alchimie, embrassant nécessairement à la fois le Grand-Œuvre physique et le Grand-Œuvre mystique, se pose donc avant tout comme étant « *La science de vie. (...). L'homme régénéré est la pierre philosophale de la nature déchue.* »[272]

4. Les grands principes de l'alchimie.

L'alchimie a pour principal fondement une théorie de la matière (incompréhensible sans l'astrologie, on le verra), dont on peut, malgré la multiplicité et la variété des courants, établir une trame générale.

a) Les quatre éléments.

À partir de la Matière Première (la lumière solaire), le monde se divise en quatre éléments, que la tradition occidentale, plus particulièrement présocratique, mais aussi platonicienne[273], considèrent comme établie. À l'Eau, la Terre, l'Air, et le Feu, se rajoute un cinquième élément nommé l'Ether, ou la Quintessence (que Böhme appelle le Saint-Élément). Ces éléments ne désignent pas des réalités concrètes, mais représentent des modes de la matière, et correspondent à l'état apparent de la matière. À chaque élément, l'on peut associer des caractéristiques générales :

Terre	=	- état solide	- visible	- qualités du sec et du froid.
Eau	=	- état liquide	- visible	- qualités de l'humide et du froid.
Air	=	- état volatil	- invisible	- qualités de l'humide et du chaud.
Feu	=	- état éthéré/subtil	- invisible	- qualités du sec et du chaud.

Ces quatre éléments entrent dans le cadre d'une transformation régulière. Il s'agit du *Cycle de Platon*[274] :

[272] André Savoret, *Qu'est-ce que l'alchimie?*, pages 19 et 20.
[273] Platon, *Timée*.
[274] Platon, *Timée*.

Le Feu se condense en Air,
l'Air se liquéfie en Eau,
l'Eau se solidifie en Terre,
la Terre se sublime en Feu.

puis, inversement :

Le Feu se condense en Terre,
la Terre se dissout en Eau,
l'Eau se vaporise en Air,
l'Air opère une raréfaction et devient Feu.

b) Les trois principes.

Le monde est composé de deux principes opposés et d'un troisième terme intermédiaire : le Souffre, le Mercure, et le Sel (ou l'arsenic). Là non plus, ils ne désignent pas les corps chimiques du même nom, mais signifient les qualités de la matière. À chaque principe l'on peut associer des caractéristiques générales. Il s'agit de la « loi du triangle » :

Souffre	=	- le principe actif	- les propriétés actives	- la forme
		- le masculin	- le père des métaux	- le chaud
		- le fixe.		
Mercure	=	- le principe passif	- les propriétés passives	- la matière
		- le féminin	- la mère des métaux	- le froid
		- le volatil.		
Sel	=	- moyen d'union entre le Souffre et le Mercure		
		- esprit vital d'unification de l'âme et du corps		
		- désigne l'équilibre entre matière et forme.		

C'est le feu central, le feu de l'alchimiste, qui autorise les diverses combinaisons entre ces trois principes.

c) Rapports entre les quatre éléments et les trois principes.

La Matière Première, qui est unique et indestructible, peut être subdivisée en trois parts. Celles-ci correspondent aux trois principes :

Souffre	= principe fixe	= Terre (visible - solide) = Feu (occulte - subtil)
Mercure	= principe volatil	= Eau (visible - liquide) = Air (occulte - gazeux)
Sel	= principe intermédiaire	= Quintessence (Ether)

Ces trois principes sont donc en lien étroit avec les quatre éléments. Leur distinction n'est que rhétorique et sémantique, et non ontologique.

5. L'astrologie : idées vraies et idées fausses.

Comme dans le cas de l'alchimie, il n'est pas possible ici de faire un exposé complet de ce qu'est l'astrologie, ni d'ailleurs d'en cerner les multiples variantes : il s'agit simplement d'en donner quelques principes essentiels afin de mieux cerner ensuite les particularismes de Böhme.

En ce qui concerne donc l'astrologie, évitons là aussi les idées toutes faites : l'astrologie n'est pas la bonne aventure, bien qu'à l'époque de Böhme, la pratique de la prédiction fut monnaie courante. Böhme lui-même, personnalité superstitieuse, ne s'en privait pas.

Alexandre Koyré nous dit que « *(...) Jacob Böhme lui-même, bien que fort sceptique au sujet des calculs et des dates (ceci, disait-il, ne lui avait point été révélé et quant à l'interprétation des textes discordants de l'Écriture, il fallait, à son avis, être un mage pour les comprendre) ne se privait pas non plus du plaisir d'annoncer les calamités et la fin prochaine du monde, la destruction de Babel et les temps heureux, le temps des lis et des roses, dont l'aurore se levait déjà à l'horizon. C'est surtout sous cet aspect de « prophète », d'illuminé, de* Wundermann, *que Böhme apparaissait à ses contemporains. Prophète véritable, élu du Seigneur pour ses amis et disciples, pseudo-prophète, hérétique dangereux pour ses adversaires.* »[275]

Sans doute vaut-il mieux considérer l'astrologie comme un système plus ou moins cohérent d'approche de l'univers et de l'homme, posant comme réalité une interaction entre les deux, cette interaction étant saisissable.

À l'époque de Böhme, dans sa région d'origine, l'influence des astres sur la vie terrestre était parfaitement admise :

Alexandre Koyré note que « *Duhem* [276]*, en effet, a bien fait voir (...) que l'astrologie était un système parfaitement raisonnable et rationnel, et que, avant Copernic, croire à l'influence des astres était inévitable pour tous ceux qui recherchaient et admettaient un déterminisme scientifique dans la nature. La cosmologie d'Aristote, pour n'envisager que cet exemple-là, conduit nécessairement à l'astrologie.* »[277] De même : « *L'astrologie et la magie étaient encore des sciences, (...).* »[278]

Il ne s'agit pas ici de discuter les rapports entre astrologie et astronomie, mais notons tout de même ici que leurs rapports ne furent pas toujours nécessairement conflictuels. Comme nous l'indique Alexandre Koyré, jusqu'à la fin du Moyen-Âge, la distinction sémantique, mais aussi scientifique, entre les deux termes et disciplines, n'est pas évidente[279]. Et bien plus tard, après les révolutions respectives de Copernic et Galilée, l'astrologie n'est toujours pas exclue d'un système pertinent

[275] Alexandre Koyré, *La philosophie de Jacob Böhme*, pages 8 et 9.

[276] Pierre Duhem, *Système du monde*, volume II, page 323 sq. Cette référence est citée par Alexandre Koyré, dans l'article intitulé *Paracelse*, note n°1, page 79, publié dans son ouvrage intitulé *Mystiques, spirituels, alchimistes du XVIè siècle allemand.*

[277] Alexandre Koyré, dans l'article intitulé *Paracelse*, note n°1, page 79, publié dans son ouvrage intitulé *Mystiques, spirituels, alchimistes du XVIè siècle allemand.*

[278] Alexandre Koyré, *La philosophie de Jacob Böhme*, page 18.

[279] Alexandre Koyré, *Mystiques, spirituels, alchimistes du XVIè siècle allemand*, page 79, la note n°1.

possible. Même l'astronome Johannes Kepler (1571-1630) eut encore des relents d'astrologie et d'alchimie dans ses travaux.

Gerhard Wehr nous rappelle ainsi que Klepler « *(...) s'occupe aussi d'astrologie. (...). Derrière les phénomènes naturels, mesurables, et calculables, qu'il cherche à expliquer, l'existence d'une réalité spirituelle ultime, impondérable, constitue pour lui une absolue certitude. (...). Kepler partage ainsi l'attitude spirituelle de tous ceux qui hésitent à livrer l'univers, la terre et l'homme exclusivement à la raison raisonnante, disséquante, analysante, fonctionnant selon un modèle mécaniste, des chercheurs travaillant avec leur télescopes et leurs microscopes.* »[280]

6. Les grands principes de l'astrologie.

La pensée hermétiste se veut avant tout comme une connaissance profonde de la nature. L'astrologue, mais aussi l'alchimiste, ont un champs de vision de l'univers très restreint : il est limité par le système solaire. Ils considèrent que les astres ont une influence sur la vie terrestre. Il y a des correspondances entre le microcosme et le macrocosme[281]. L'homme, comme microcosme, est une image du macrocosme.

Le symbole astrologique par excellence (mais aussi, par extension, celui de l'alchimie) est le « Sceau de Salomon ». Il représente le juste croisement de deux triangles équilatéraux croisés. La pointe du premier triangle est orientée vers le haut : il s'agit de l'homme qui porte sa croissance vers le divin, vers les astres. La pointe du second triangle est orientée vers le bas : il s'agit du divin qui se laisse porter vers l'homme. L'astrologue est celui qui observe ce lien, celui du croisement entre macrocosme et microcosme. Cette dualité est marquée en l'homme par sa division propre en deux sexes distincts. Cette distinction se retrouve chez Böhme, mais est aussi l'héritage d'une tradition fort lointaine. Platon lui-même nous en fait part,

---

[280] Gerhard Wehr, *Jakob Böhme*, page 17.
[281] Paracelse.

en discourant sur le type « androgyne » : le troisième genre humain, aux côtés du mâle et de la femelle.[282]

L'astrologue, n'en déplaise aux découvertes de l'astronomie, après Galilée et Copernic, pose le système planétaire suivant : au centre se trouve la Terre. Autour d'elle sont les sept cercles (ou sphères) des sept planètes. C'est ensuite que se pose l'unique cercle des étoiles fixes. Puis se pose le monde spirituel : l'Empryrée, lieu des esprits. Et enfin, Dieu, créateur de tout ce qui est : il englobe sa création, mais n'est englobé par rien d'autre que lui-même. Dieu est à la fois immanent au monde et transcendant à ce monde. Il n'en est pas indépendant. La tradition scolastique nous parle d'un Dieu *Natura naturans* (nature naturante). Spinoza réutilise ce terme dans un sens assez proche de celui des astrologues et des alchimistes : pour lui, la substance est ce qui est au principe, se structurant lui-même selon la nécessité de son essence.[283]

7. Interactions entre alchimie et astrologie.

L'alchimie est indissociable de l'astrologie, car la matière, et les métaux en particulier, sont en rapport avec les planètes : les planètes ont une influence sur l'élaboration des métaux, et ce au dedans de la Terre. En effet, c'est le Soleil qui produit l'or, la Lune l'argent, etc.

> Voici les cinq métaux imparfaits (c'est-à-dire altérables) et leurs planètes :

Cuivre	→	Venus
Fer	→	Mars
Étain	→	Jupiter
Plomb	→	Saturne
Mercure	→	Mercure

[282] Platon, *Le Banquet*, discours d'Aristophane, à partir de 189d, page 29.
[283] Baruch Spinoza, *Éthique*, I, 29, scolie : « *Par Nature Naturante, il faut entendre ce qui est en soi et est conçu par soi, autrement dit les attributs de la substance (...).* »

Voici les deux métaux parfaits (c'est-à-dire inaltérables) et leurs planètes :

Argent	→	Lune
Or	→	Soleil

- Alchimiste (médecin, artiste, philosophe, mage).

Voir « Mercure ».

Le véritable alchimiste est celui qui conduit l'homme vers la volonté de Dieu : de ce fait, il annule toute volonté propre. Il a pour unique modèle la vie, la Passion, la mort, et la Résurrection du Christ : la démarche du Christ est l'opération de la transmutation vers la vraie vie. En imitant le Christ, l'homme devient alchimiste, et simultanément, devient le Christ.

- Amertume.

Voir « Formes (les sept) », « Qualités (les sept) », et « Forces (les sept) ».

L'une des sept « formes » est à l'origine de l'amertume. Ernst Bloch rapporte que cette force se pose comme un « *(...) élément qui dissocie, (...) élément amer, ordonné vers "Mercure", la mobilité aiguillonnante, ressentie comme un déplaisir, la sensibilité – terme qui en allemand a aussi le sens de "susceptibilité". Être sensible, cela veut dire s'emporter facilement, s'exciter, mais aussi avoir la sensibilité à fleur de peau, réagir aux excitations. Le premier à avoir remarqué cette dissonance est Anaxagore, qui disait que chaque sensation s'accompagne d'un sentiment de déplaisir. Les contenus peuvent être plaisants, mais la sensation comme telle apporte un trouble qui est ressenti comme désagréable.* »[284]

---

[284] Ernst Bloch, *La philosophie de la Renaissance*, page 89.

- Amour.

Voir « Colère », « Mercure », « Formes (les sept) », « Principes (les trois) » et « Principes (les sept) ».

L'amour est l'un des sept « principes ». Il est également l'une des deux fractions de Dieu lui-même (à côté de la colère).

- Angoisse.

Voir « Mercure », « Sel », « Formes (les sept) », « Qualités (les sept), et « Forces (les sept) ».

L'une des sept « formes » est à l'origine de l'angoisse. Selon Ernst Bloch, elle est « *(...) foisonnante, essentiellement négative, (...) ; c'est le feu sans flamme qui brûle à la manière du soufre, qui couve sous la cendre, c'est le combat de l'âpreté contre la mobilité, c'est le soufre au fond duquel le feu sommeille encore.* » [285]

- Animaux.

Voir « Création ».

- Âpreté.

Voir « Formes (les sept) », « Qualités (les sept) » et « Forces (les sept) ».

L'une des sept « formes » est à l'origine de l'âpreté (désagréablement difficile, dureté, etc.). Ernst Bloch rapporte que cette force est « *(...) orientée vers "sal", l'élément astringent (...).* »[286]

---

[285] Ernst Bloch, *La philosophie de la Renaissance*, page 89.

[286] Ernst Bloch, *La philosophie de la Renaissance*, page 89. Le terme « astringent » est un terme de médecine qui désigne une propriété de crispation dans les tissus : il s'agit, par exemple, d'une digestion difficile.

- Artiste.

Voir « Alchimiste » et « Mercure ».

Désigne l'alchimiste.

- Astrologie.

Voir « Alchimie ».

- Astronomie.

Böhme n'ignore pas les progrès en matière d'astronomie à son époque. Il connaît Galilée et Copernic. Cependant, il considère que l'astronomie ne répond qu'à la question du « comment » et ne concerne donc les astres que du point de vue extérieur. Quant à l'astrologie, elle répond essentiellement à la question du « pourquoi » et ne concerne les astres que du point de vue de l'intériorité, du point de vue de l'esprit.

En effet, « *(...), cher lecteur, j'entends bien aussi la doctrine des* [astronomes][287]*; j'ai aussi parcouru quelques lignes de leurs écrits ; je sais bien comment ils tracent le cours du Soleil et des étoiles; je ne méprise point leur art, et je les regarde comme bon et vrai dans la plus grande partie. Mais si j'écris des choses un peu différentes, je ne les puise point dans ma volonté, ni dans mon opinion, ce qui me ferait douter qu'elles fussent vraies ; aussi, n'ai-je point de doute à leur égard, et aucun homme ne peut non plus m'endoctriner en ceci. Car je n'ai point acquis ma connaissance par l'étude. J'ai lu, à la vérité, l'ordre et l'arrangement des sept planètes dans les livres des* [astronomes]*, et je les y ai trouvées parfaitement justes ; mais quant à la manière dont elles ont été formées, et à la racine dont elles proviennent, je ne peux pas l'apprendre des hommes, car il ne le savent pas.* »[288]

[287] En fait, Böhme utilise ici (et une seconde fois, plus loin) le terme d'« astrologue », mais il désigne par là ce que nous entendons pas « astronome ». Les deux termes sont souvent utilisés, à l'époque, sans grande clarté sémantique.
[288] Jacob Böhme, *Aurora*, chapitre 25, § 43, 44, 45.

- Corps (les trois).

Böhme pose ainsi l'existence de « trois corps » : le premier d'entre eux est un esprit, il est l'« astre primordial », c'est-à-dire le « chaos », et la roue des « sept esprits », c'est-à-dire l'évolution du chaos, à l'origine des sept formes. Le second corps est aussi un esprit : il s'agit de la « raison ». Il est le révélateur de l'astre primordial. Et enfin, le troisième corps, qui est réellement un corps matériel, est constitué par les « éléments ». Il englobe les deux autres : il en est leur visibilité, leur matérialité.[289]

- Christ.

Voir « Liberté » et « Alchimiste ».

- Colère.

Voir « Amour », « Mercure », « Formes (les sept) », et « Principes (les sept) ».

La colère est l'une des deux fractions de Dieu lui-même (à côté de l'amour).

- Corporification.

Voir « Sel », « Nature (éternelle) », « Nature (extérieure) », « Elément (unique) », et « Eléments (les quatre) ».

La corporification est le résultat du passage de la nature éternelle à la nature extérieure, c'est-à-dire du passage de l'élément unique aux quatre éléments.

---

[289] Jacob Böhme, *De signatura rerum*, chapitre 13, § 22 et 23.

- Création.

Voir « Panthéisme (refus du) », « Éléments (les quatre) », et « Formes (les sept) ».

1. La condition de possibilité de la création.

Que signifie l'acte de création? Böhme récuse d'emblée l'idée de la création *ex nihilo*, c'est-à-dire « à partir de rien », d'un monde que Dieu fait surgir dans le temps, lui faisant statuer ainsi l'acquisition de l'existence.

Böhme nous l'énonce : « *La raison dit : que Dieu a créé ce monde de rien. Réponse. Il n'y avoit pour cela ni substance, ni matière qui fût saisissable extérieurement; mais il avoit une forme semblable dans l'éternelle puissance en volonté.* »[290]

Dieu, pour créer, ne pouvait tirer ce monde de rien : il fallait le puiser de quelque chose, or il n'y avait rien, à l'exception de Dieu lui-même.

Alexandre Koyré nous explique que « *(...) pour Jacob Böhme, la création* ex nihilo, *telle qu'on l'enseigne habituellement, n'a aucun sens. De rien, rien ne peut venir. L'acte créateur n'est point, comme on l'enseigne, un simple ordre de la volonté divine. En tant que tel, en tant qu'acte purement spirituel, il ne pourrait créer quoi que ce soit. D'ailleurs, un ordre doit nécessairement s'adresser à quelqu'un; or, dans la doctrine de la création* ex nihilo, *il ne s'adresse à rien. (...). Créer veut dire* puiser *ou* faire. *Or, on ne fait rien de rien, et si l'on puise, c'est bien dans quelque chose. Mais d'autre part, puisque avant l'acte créateur de Dieu il n'y avait rien de quoi Dieu eût pu faire le monde, et rien où il eût pu le puiser, il reste donc que c'est de soi-même, c'est-à-dire de sa nature, qu'il le tire, et de soi-même qu'il le crée et le produit.* »[291]

Dieu opère donc la manifestation de ce monde par un arrachement à lui-même : il rompt avec sa propre nature, et par

[290] Jacob Böhme, *Sex puncta theosophica*, chapitre 2, § 16.
[291] Alexandre Koyré, *La philosophie de Jacob Böhme*, page 417.

là, puise dans sa propre nature. Cette rupture d'avec lui-même est la condition nécessaire d'une manifestation de l'altérité, c'est-à-dire ce monde. Dieu, comme « *(...) éternel commencement et (...) fin éternelle.* »[292] est donc à l'origine du monde par sa propre division. Et par cette division, il en est aussi sa finalité.

2. Les étapes de la création.

Dieu a donc voulu « manifester ». Böhme nous dit que « *(...) l'âme éternelle s'est révélée dans la totalité de la création, depuis la majesté suprême jusqu'au dernier degré de l'échelle des êtres, jusqu'au plus noir des ténèbres. Avec son soleil, les astres, les éléments, avec toutes les créatures, sans exception, ce monde est la révélation de l'éternité, de la volonté éternelle, de l'âme éternelle.* »[293]

Dieu engendre la « nature éternelle », qui n'est que Dieu lui-même dans sa condition de révélant, de manifestant, à entendre ici dans un sens très opératoire. Et Dieu, par la volonté, elle-même par le désir (car Dieu a une volonté mais point de désir[294]), et ce par l'intermédiaire de la nature éternelle, engendre ensuite la « nature extérieure ». La nature éternelle est signature de Dieu, la nature extérieure, par extension, est signature de la nature éternelle.

À partir de Dieu, de la volonté première et du « *(...) désir qu'elle a conçu* »[295], autorisant ainsi les « *sept formes* » de la nature éternelle, voici comment le monde s'est constitué : « *Les sept formes de la nature éternelle se sont mises en mouvement au lieu qui lui était assigné, allumées, excitées par le désir de Dieu de se révéler. Dans l'embrasement de l'éclair, l'élément simple de la nature éternelle s'est divisé pour donner*

[292] Jacob Böhme, *De signatura rerum*, chapitre 3, § 1.
[293] Jacob Böhme, *De signatura rerum*, chapitre 3, § 41.
[294] Jacob Böhme, *De signatura rerum*, chapitre 6, § 2.
[295] Jacob Böhme, *De signatura rerum*, chapitre 4, § 4.

les quatre éléments de notre nature : le feu, l'eau, la terre et l'air (...). »[296]

Ces quatre éléments se structurent en « sept planètes » : Saturne, Mercure, Mars, Jupiter, Vénus, la Lune, le Soleil. Ces sept astres opèrent, à leur tour, leur influence sur la « Terre », autorisant, par cette ascendance, toute naissance terrestre : l'inerte et le vivant. La vigueur astrale est donc opératoire, et pousse à l'incarnation d'elle-même. Le résultat en sont les trois règnes : les « métaux », les « végétaux », les « animaux ». Ce sont les astres, et leurs mouvements, qui définissent la naissance, la vie, et la mort, de toute chose sur terre.

Chaque être est à lui-même son propre centre : il est autonome, et Dieu ne se fond point en lui, ne se confond point avec lui. Alexandre Koyré le note : « *(...) on voit (...) combien il serait faux de reprocher à Böhme de vouloir confondre Dieu et le monde : (...) l'enfant est engendré par sa mère, ce qui ne l'empêche nullement d'être quelque chose en soi, de posséder un être propre, indépendant de celui de sa mère, et une essence déterminée, qui lui est propre (...). Il est lui-même et en lui-même une source de force, un* Centrum *dynamique.* »[297].

Toute chose terrestre est le fruit d'une rencontre entre les forces de la Terre et celles des astres, en particulier l'astre principal, le Soleil. Lisons Böhme : « *Le Soleil attire à lui la force épanouie dans la racine et il la fait sortir de terre.* »[298] Plus loin : « *Le Soleil extérieur pénètre la plante et il atteint son soleil intérieur. Réciproquement le Soleil intérieur se porte à la rencontre du Soleil extérieur.* »[299]

---

[296] Jacob Böhme, *De signatura rerum*, chapitre 4, § 2.
[297] Alexandre Koyré, *La philosophie de Jacob Böhme*, page 418, ligne 15 et suite.
[298] Jacob Böhme, *De signatura rerum*, chapitre 8, § 19.
[299] Jacob Böhme, *De signatura rerum*, chapitre 8, § 22.

- Créatures.

Voir « Formes (les sept) » et « Création ».

- Désir.

Développement effectué sous « Volonté ».

Voir aussi « Formes (les sept) », « Qualités (les sept) », et « Forces (les sept) ».

Le désir est le résultat de la volonté, comme manifestation de la force de corporification dans ce monde (la nature extérieure). Le désir est cette puissance qui autorise la corporification. La corporification n'est pas du ressort de la volonté.

- Dialectique.

Voir « Ténèbres », « Lumière », « Signature » et « Sel ».

Selon Ernst Bloch, « *Jakob Böhme donne au combat entre la lumière et les ténèbres la forme d'une dialectique objective. Il n'y a pas de mouvement sans contre-mouvement, sans dualisme, et le mal se fait le véhicule de la révélation de la lumière. (...). Nous voyons surgir dans ce clair-obscur si peu méridional une fois de plus la dialectique d'Héraclite : elle nous apparaît ici comme l'élément formateur du monde, comme l'essence qui fait sortir le monde de lui-même, qui le pousse à se manifester. Le monde naît d'une fermentation (Gärung) provoquée par le contact entre le oui et le non ; tout ce qui est dans le monde – un monde qui fait ici fonction d'un alambic – est toujours en train de produire de la lumière, tant sur le plan chimique que sur le plan moral et religieux.* »[300]

- Dieu.

Voir « Panthéisme (refus du) », « Esprit (de Dieu) », « Création », « Signature », « Formes (les sept) », « Liberté », et « Mercure ».

---

[300] Ernst Bloch, in *La philosophie de la Renaissance*, pages 95 et 96.

- Eau.

Développement effectué sous « Éléments (les quatre) et « Formes (les sept) ».

L'Eau désigne l'un des quatre éléments, aux côtés de la Terre, de l'Air et du Feu. La symbolique alchimique attribue l'Eau à trois principales dimensions : elle est source de vie, moyen de purification, et centre de régénérescence.[301]

- Éléments (les quatre).

Voir « Alchimie », « Création », « Formes (les sept) », « Qualités (les sept) », « Forces (les sept) », « Air », « Terre », « Eau » et « Feu ».

Dans la nature extérieure, « *(...) il existe quatre éléments dérivés d'un seul. L'élément simple a produit quatre substances distinctes : le feu, l'air, l'eau et la terre.* »[302] En fait, « *Dans l'embrasement de l'éclair, l'élément simple de la nature éternelle s'est divisé pour donner les quatre éléments de notre nature (...).* »[303] Donc, « *(...) les quatre éléments ont eu un commencement, ils ont été créés en même temps que la Parole sortie de la bouche du Verbe céleste. Ils sont devenus un principe. Ils ont créé une figure du temps : le Verbe créé est une horloge. Il est le temps qui forme et qui détruit.* »[304] Pour Böhme, les quatre éléments sont l'expression du désir de Dieu[305], et « *(...) La nature éternelle et la nature des quatre éléments sont une. Elles sont unies comme l'âme et le corps de l'homme, qui a été créé dans l'une et l'autre pour être l'image de l'éternité et du temps.* »[306]

Voici comment l'on est passé de l 'élément unique aux quatre éléments : « *L'éclair* [le feu comme l'une des sept formes] *corporifie le feu froid* [le feu en tant qu'élément] *des*

---

[301] Jean Chevalier & Alain Gheerbrant, *Dictionnaire des symboles*, à partir de la page 374.
[302] Jacob Böhme, *De signatura rerum*, chapitre 4, § 1.
[303] Jacob Böhme, *De signatura rerum*, chapitre 4, § 2.
[304] Jacob Böhme, *De signatura rerum*, chapitre 13, § 4.
[305] Jacob Böhme, *De signatura rerum*, chapitre 14, § 12. Böhme nous parle d'un *spiritus mundi*, mais l'on ne sait pas exactement de quoi il s'agit : sans doute du Dieu en tant qu'opérateur de la création.
[306] Jacob Böhme, *De signatura rerum*, chapitre 14, § 12, page 278.

ténèbres. Ce feu consumant meurt et sa mort donne naissance à deux matières. L'une, subtile, est l'eau. L'autre, grossière, est la terre. Mais encore, l'ébranlement du feu froid produit l'air. Des quatre éléments, c'est l'air qui ressemble le plus à l'élément unique, cependant il est différent. L'élément unique (...) ne tourbillonne pas comme le vent, il est comme une brise légère. »[307]

Pour Böhme, « *Tout corps appartient à l'élément unique selon la nature éternelle dont il procède et qui est en lui. Cependant il se développe et il vit dans les quatre éléments selon sa nature temporelle. Mais toutes les créatures n'ont pas la vraie vie que donne le saint élément. Seuls les esprits les plus élevés la possèdent : les anges, les âmes des hommes.* »[308] L'homme est donc la seule créature terrestre qui participe à la fois au monde extérieur et au monde éternel : il est la jonction de l'esprit et du corps, de l'élément unique et des quatre éléments.

Les quatre éléments constituent également l'une des sept formes, ou l'une des sept forces. Ernst Bloch rapporte que « *C'est de tout cela que surgit comme aboutissement de ces six enfantements – Böhme compare le processus cosmique à une parturiente, à une femme en gésine – la septième qualité, la corporalité, c'est-à-dire la nature formée dans sa totalité telle que nous la voyons, la plénitude explicitée de toutes les qualités ("Quallitäten") énumérées, ce qu'on appelle la "création". La création est la transposition du "centrum naturae" dans le "corpus naturae", la transposition du centre de la nature dans le corps, dans la matérialité de la nature et – au niveau le plus élevé – dans le "corpus christi" (corps du Christ).* »[309]

---

307 Jacob Böhme, *De signatura rerum*, chapitre 14, § 46.
308 Jacob Böhme, *De signatura rerum*, chapitre 14, § 48.
309 Ernst Bloch, *La philosophie de la Renaissance*, page 92.

- Élément (unique, ou simple, ou Saint).

Voir « Éléments (les quatre) », « Création », « Formes (les sept) », et « Principes (les sept) ».

Il est l'un des sept principes.

L'élément unique *« (...) n'est ni chaud ni froid, ni sec ni humide. Il est la volonté divine devenue un désir. »*[310] Il y a là cette force à conduire la nature éternelle vers la nature extérieure : le souci de la corporification. L'élément engendre donc les quatre éléments, mais il ne s'identifie pas avec eux : *« Il est un souffle, mais il n'est pas l'air ou le vent. Il est l'aura de la volonté dans le corps, le principe de la vie dans la matière. »*[311] C'est par l'opération du *feu* (au sens de l'une des sept formes et non l'un des quatre éléments) que *« (...) l'unique élément se partage entre les quatre éléments. »*[312]

- Engendrements (les sept).

Pour Böhme, les « engendrements », c'est-à-dire les différentes naissances qui produisent la totalité de la création éternelle et extérieure, sont subdivisés au nombre traditionnel de sept. Mais Böhme ne les détaille pas : sans doute faut-il les identifier aux sept esprits ou formes. Ces engendrements s'opèrent toujours à travers les deux règnes des ténèbres et de la lumière.[313]

- Ésotérisme (l').

Böhme n'utilise pas le terme dans la *De signatura rerum*, mais il est un fait qu'il en incarne tous les ressorts. Brièvement, l'on pourrait poser d'abord l'ésotérisme comme la constitution d'une théorie, qui ne peut, ou ne doit, être transmise qu'à un nombre restreint de personnes : aux disciples d'un maître par exemple. Toutefois, par extension, l'ésotérisme désigne

---

[310] Jacob Böhme, *De signatura rerum*, chapitre 13, § 4.
[311] Jacob Böhme, *De signatura rerum*, chapitre 14, § 45.
[312] Jacob Böhme, *De signatura rerum*, chapitre 14, § 46.
[313] Jacob Böhme, *De signatura rerum*, chapitre 13, § 21 et § 25.

également – et l'écriture de Böhme en est un vif exemple – l'impénétrabilité, ou le caractère sibyllin, indéchiffrable, insondable et secret, d'une doctrine, d'une théorie.

- Esprits (les sept).

Voir « Principes (les trois) », « Signature », « Formes (les sept) », et « Qualités (les sept) ».

C'est à partir de la « volonté » du Dieu vivant, et selon le « désir » conçu par celle-ci[314], qu'apparaissent les « sept formes de la nature éternelle ». Par leur mouvement, elles provoquent la formation de l'« élément simple » de la nature éternelle. Ce dernier produit l'accomplissement des « quatre éléments » de la nature extérieure[315], au principe de toutes les créatures minérales, végétales, animales, humaines.

Pour Böhme, à l'origine, la nature extérieure est un « *Esprit sidéral* » [316] qui, à partir de la volonté, « *(...) va se diviser en sept esprits ou formes qui engendreront les quatre éléments.* »[317] L'élément unique est l'intermédiaire entre les sept formes, ou esprits, et les quatre éléments.

On ne comprend pas bien la nuance, ou plutôt la confusion, qu'opère Böhme entre les sept « esprits » et les sept « formes ».

- Esprit (de la nature).

Voir « Formes (les sept) ».

- Esprit (de Dieu).

Alexandre Koyré note : « *Dieu est un esprit et, comme tel, comparable à l'esprit humain.* »[318]

---

[314] Jacob Böhme, *De signatura rerum*, chapitre 4, § 4, page 81.
[315] Jacob Böhme, *De signatura rerum*, chapitre 4, § 2, page 81.
[316] Jacob Böhme, *De signatura rerum*, chapitre 13, § 21, page 259.
[317] Jacob Böhme, *De signatura rerum*, chapitre 13, § 21, page 259.
[318] Alexandre Koyré, *La philosophie de Jacob Böhme*, page 191, à partir de la ligne 5.

- Esprit (Saint).

Alexandre Koyré note : « *Le Saint-Esprit est cet esprit ou* Gemüth, *(...) qui (...) désigne l'ensemble et aussi l'origine de l'âme et de l'esprit (...), (...) qui sort de la lumière et qui régit le corps (puissance d'action et de volonté).* »[319]

- Esprits (les trois).

Böhme pose l'existence de « trois Esprits » : le premier d'entre eux, est celui de la « vie végétative » : il se situe dans les quatre éléments. Le second est celui de la « vie sensitive » : il se situe dans les sept formes de la nature. Le troisième est celui de la raison, ou celui de la « vie raisonnable » : il se rattache au *spiritus mundi*.[320]

- Femme.

Elle est la figure de l'humilité, de la lumière, de l'amour.[321] Böhme l'identifie souvent à la vierge céleste – Ève – qu'Adam a perdu en raison de la Chute. Ève est la représentation de l'éternel féminin dans la Divinité, d'où cette attention portée à la Vierge Marie, figure féminine de la pureté divine, qui engendre le Christ, figure masculine de la pureté divine. Il s'agit là de l'unité pure – et la perfection originelle – de l'humanité.[322]

---

[319] Alexandre Koyré, *La philosophie de Jacob Böhme*, page 191, à partir de la ligne 8.
[320] Jacob Böhme, *De signatura rerum*, chapitre 13, § 5, page 256 : le « monde spirituel ».
[321] Jacob Böhme, *Mysterium Magnum*, chapitre 23, § 24.
[322] Il y a là un lien de parenté intellectuelle entre Böhme et Weigel. Sur ce point, consulter Alexandre Koyré, *Un mystique protestant : Maître Valentin Weigel*.

- Feu.

Voir « Éléments (les quatre) » et « Formes (les sept) », « Qualités (les sept) », et « Forces (les sept) ».

Le Feu désigne l'un des quatre éléments, aux côtés de l'Air, la Terre et l'Eau. La symbolique alchimique attribue le Feu à la dimension de la mort et de la renaissance.[323]

Pour Böhme, il désigne l'une des sept formes, ou l'une des sept forces. Selon Ernst Bloch, avec le feu jaillissant « *(...) se produit un renversement de la situation : cet esprit n'est autre que le feu jaillissant du soufre de l'angoisse ; il a la particularité d'être fulgurant, de se manifester avec une brusquerie qui l'apparente à la foudre ; c'est pourquoi Böhme donne une fois de plus à son feu un nom tiré du domaine psychique – il l'appelle en effet "effroi" ("Schreck" ou "Schrack") – terme qui se veut aussi une détermination de la nature.* »[324]

Cette force présente deux manifestations différentes :

La première, « *(...) sous une forme sombre, étroite, bilieuse, autrement dit négative, comme dans le feu de la colère, dans la menace de l'orage, de la tempête, de l'incendie dont l'homme ne se détourne pas seulement avec effroi mais qu'il perçoit, selon Böhme, comme l'effroi en tant que tel. Une fois de plus, Böhme recourt à une catégorie psychique, l'effroi, et l'identifie à ce que la philosophie naturaliste considère comme une catégorie qualitative, au feu qui effraie, et qui pour cette raison même ne provoque pas seulement, quand il se présente sous l'aspect de la foudre, une frayeur primitive, mais qui est lui-même frayeur. Ce feu négatif guette au fond de toutes les choses et se manifeste à la première occasion comme agent destructeur.* »[325]

---

[323] Jean Chevalier & Alain Gheerbrant, *Dictionnaire des symboles*, à partir de la page 435.
[324] Ernst Bloch, *La philosophie de la Renaissance*, page 90.
[325] Ernst Bloch, *La philosophie de la Renaissance*, pages 90 et 91.

La seconde : « *Pour Jakob Böhme, chaque grand orage est une répétition de la fin du monde ; mais l'éclair est aussi une manifestation fulgurante du "oui", un retournement dialectique. Car c'est ce même feu qui, outre la frayeur, enfante aussi chaleur et lumière. Le feu dévorant devient la flamme dans l'âtre qui rassemble les humains.* »[326]

- *Fiat.*

Voir « Formes (les sept) ».

La notion de *fiat* est difficile à établir, parce qu'elle semble englober plusieurs déterminations, même si celles-ci se retrouvent autour d'un même pôle.

Premièrement, Böhme nous dit que *fiat* désigne l'acte créateur[327], ou bien le désir de la nature[328]. Le *fiat* est parfois d'avantage précisé comme le désir de la nature éternelle[329], ou encore comme la première forme de la nature éternelle.[330] Il est manifeste que dans une logique de création, il se pose que toutes les choses de la nature sont créées à partir de la puissance du *fiat*. Il est la force du désir de donation des sept formes de la nature. Cette force « *(...) concentre en elle seule les vertus des sept formes pour créer toutes choses à partir du Néant.* »[331] En ce sens, le *fiat*, l'acte créateur, se situe toujours dans une logique de corporification[332], comme cela peut être dit à propos du désir : le *fiat* est donc l'acte opératoire du désir, le désir étant la source de cet acte opératoire : « *(...) les créatures ont été produites (...) suivant le désir réalisé par le* fiat. »[333]

[326] Ernst Bloch, *La philosophie de la Renaissance*, page 91.
[327] Jacob Böhme, *De signatura rerum*, chapitre 2, § 24.
[328] Jacob Böhme, *De signatura rerum*, chapitre 5, § 14.
[329] Jacob Böhme, *De signatura rerum*, chapitre 13, § 20.
[330] Jacob Böhme, *De signatura rerum*, chapitre 3, § 32. Voir « Formes (les sept) ».
[331] Jacob Böhme, *De signatura rerum*, chapitre 14, § 14.
[332] Jacob Böhme, *De signatura rerum*, chapitre 11, § 86.
[333] Jacob Böhme, *De signatura rerum*, chapitre 7, § 12.

Deuxièmement, Böhme précise qu'il se pose un triple *fiat*, correspondant aux « trois mondes respectifs »[334], aussi nommés les « trois principes ».[335]

Et enfin, troisièmement, Böhme entend le *fiat* comme le « Verbe créateur »[336]. Le *fiat*, en ce sens, est présenté en tant que manifestation de la parole : celle-ci témoigne de son désir de se donner elle-même par sa propre transformation, c'est-à-dire de se donner elle-même dans le devenir de ce monde, à partir du Verbe de Dieu.[337] Böhme utilise le terme de *verbum fiat*[338], le Verbe créateur, la force qui rend possible la parole.

- Forces (les sept).

Voir « Formes (les sept) », « Qualités (les sept) », mais aussi « Âpreté », « Amertume », « Angoisse », « Feu », « Désir », « Son », et « Éléments (les quatre) ».

Elles désignent les sept formes, mais, semble-t-il, dans leur mode d'apparition dans le monde sensible.

Ces sept forces sont l'âpreté, l'amertume, l'angoisse, le feu, le désir, le son, et les quatre éléments.

Ernst Bloch rapporte que « *L'image de la nature entièrement qualitative de Böhme constitue en quelque sorte un pôle diamétralement opposé aux sciences naturelles mathématiques telles que les concevaient Galilée et Newton; elle s'opposait un peu moins à Kepler chez lequel la permanence de l'élément qualitatif est encore nettement perceptible. Il va sans dire que Böhme n'a pas connu les sciences naturelles mathématiques et qu'il en ignorait même le nom. Son image du monde découle d'une société antérieure à la société bourgeoise de son temps, d'une société dont l'idéologie acceptait encore la nature qualitative des choses qu'ignore l'idéologie du calcul. Dans la*

---

334 Jacob Böhme, *De signatura rerum*, chapitre 1, § 7 et 10.
335 Jacob Böhme, *De signatura rerum*, chapitre 1, § 10.
336 Jacob Böhme, *De signatura rerum*, chapitre 6, § 14 et 27, et aussi, chapitre 7, § 17.
337 Jacob Böhme, *De signatura rerum*, chapitre 12, § 4.
338 Jacob Böhme, *De signatura rerum*, chapitre 6, § 27.

société capitaliste la victoire appartient au calcul, à la quantification, à la formation des prix quand il s'agit de l'échange de marchandises, à un univers quantitativement nivelé. Böhme par contre remonte – bien que souvent sous une forme étrangement anachronique et anthropomorphe – à l'aspect pré-bourgeois de la nature, où tout est jaillissement et qualité ; elle est conçue, spéculativement, comme un devenir dialectique fait d'ombre et de lumière. »[339]

Bloch affirme également que, selon Böhme, « *(...) les forces de la nature en Dieu ou forces de Dieu dans la nature se présentent comme sept modes de foisonnement, de jaillissement, de souffrance, de "qualité" (Quallität). Ce sont sept forces naturelles, formes existentielles du dynamisme, tournant en rond dans le monde et le soutenant : en réalité ce sont elles qui constituent le monde. On présuppose donc que la création ne s'est pas faite en une seule fois, mais qu'elle est un devenir continuel. Le monde s'enfoncerait dans le néant s'il n'était pas à chaque instant "re-créé", s'il ne portait en lui un élément "productif".* »[340]

Dans les trois premières forces (âpreté, amertume, et angoisse) se donne le désir dans la nature comme ténèbres : la nature est la force identifiée au feu, mais un feu contenu, qui ne fait que se consumer sur lui-même. Selon Bloch, à travers ces trois premières forces « *(...), il y a (...) une détermination d'objet et non seulement un état subjectif, psychique. L'état subjectif, psychique ne fait que révéler ce que les objets renferment réellement, il est pour Böhme une catégorie scientifique authentique. Böhme désigne les trois forces fondamentales de la réalité naturelle par le terme alchimique-chimique alors en usage : "salniter". Dans un poème bien connu de Schelling, que le philosophe a composé dans sa jeunesse, et intitulé "Heinz Widerportens epikurisch Glaubensbekenntis", le "saltiner" fête une joyeuse résurrection ; le mot dérive du byzantin "Salonitron" et signifie*

[339] Ernst Bloch, *La philosophie de la Renaissance*, pages 81 et 82.
[340] Ernst Bloch, *La philosophie de la Renaissance*, pages 88 et 89.

"salpêtre". L'acide nitrique était utilisé à l'époque byzantine pour extraire l'or de ses alliages. Le mot est d'origine bien plus ancienne ; il remonte probablement à l'ancien babylonien qui désignait par "nitriu" une cendre ba-sique : si cette étymologie est la bonne, ce furent les Grecs qui empruntèrent le mot aux Babyloniens avant de le passer aux Romains ; et c'est par ce détour qu'il est venu enrichir le "latin de cordonnier" dont se servait l'alchimie de Jakob Böhme. Ce dernier en fait un terme collectif des trois premières forces foisonnantes : l'âpreté, la mobilité sensible, le feu qui couve sous la cendre. Or, déjà dans ces trois premières forces foison-nantes on trouve le "non" associé au "oui" ; en fait, c'est le "non" qui prédomine, le "oui" ne parvenant pas à se manifester, parce qu'il est absorbé par le "non" : c'est le "non" amer, étroit, basique qui tient prisonnier le "oui". »[341]

Et enfin, en ce qui concerne les quatre autres forces (feu, lumière, son, et les quatre éléments), Ernst Bloch note que « *C'est par le feu en tant que chaleur que sont libérées les trois forces foisonnantes supérieures : esprits sereins, dans lesquels le "oui" l'emporte à tel point que le "non" n'effraie plus, tandis que dans les trois premiers le "non" s'imposait avec une telle force que le "oui" s'effaçait plus ou moins. Ces trois qualités ("Quallitäten") sereines, ces trois "foisonnements", "esprits foisonnants", "forces foisonnantes" de la nature ("Quellkräfte naturae"), sont la* lumière, *le* son, *la* corporalité. »[342]

- Formes (les trois) du troisième principe (la matière) : « Soufre » (*sul-phur*), « Mercure » et « Sel ».

Développement effectué dans « Soufre », « Mercure » et « Sel ».

Il se pose le problème suivant : Böhme nous dit que le Soufre, le Mercure et le Sel, sont les trois formes du troisième principe, celui qui est à l'origine de la « matière »[343]. Or, par ailleurs dans le texte, Böhme effectue un rapprochement entre

[341] Ernst Bloch, *La philosophie de la Renaissance*, pages 89 et 90.
[342] Ernst Bloch, *La philosophie de la Renaissance*, page 91.
[343] Jacob Böhme, *De signatura rerum*, chapitre 2, § 11.

Sul-phur (c'est-à-dire les deux particules du Soufre) et le premier principe qu'il avait posé comme étant celui de l'« esprit »[344]. Il faudrait donc en conclure que Böhme ne nie pas un lien effectif entre les trois principes (esprit, amour, matière) et les trois formes (Soufre, Mercure, Sel), par toutes les combinaisons possibles : mais alors cela contredit l'exclusivité des trois formes au troisième principe [345] : que penser de cela ? Cette contradiction reste irrésolue de notre point de vue.

Par ailleurs, il nous faut souligner ici que les trois formes (Soufre, Mercure, Sel) sont très fréquemment citées dans la *De signatura rerum*. En effet, elles participent à ce qui engage la création dans sa totalité : de la simple exposition systématique de la naissance et de l'ordre du monde naturel, passant par la problématique complexe de l'homme dans son rapport à sa Chute, jusqu'à sa régénération, de la maladie à la guérison.

Et pour les analyser, il faut ordonner les angles d'approche car le texte lui-même ne les organise pas : Böhme effectue l'élaboration des trois formes au fur et à mesure des paragraphes, et ce dans une totale confusion, à l'exception de deux moments, au début de l'ouvrage [346] : en ces endroits, Böhme fait alors l'effort d'une systématisation. Mais la suite du texte nous montre que ces deux exceptions sont incomplètes : plus loin, Böhme, soit se répète, et parfois se contredit, soit approfondit ces notions à la lumière d'autres principes. Les structurations sémantiques et systématiques du Soufre, du Mercure, et du Sel sont donc difficiles à établir.

[344] Jacob Böhme, *De signatura rerum*, chapitre 2, § 11 et 12.
[345] Jacob Böhme, *De signatura rerum*, chapitre 2, § 11.
[346] Jacob Böhme, *De signatura rerum*, au chapitre 2, § 12 à 34, au chapitre 3, § 11 à 27 et au chapitre 14, § 37 à 39.

- Formes (les sept).

Voir « Création », « Qualités (les sept)», « Forces (les sept)», « Mère (universelle) », « Éléments (les quatre) », « Esprit (céleste) », « Planètes (les sept) », « Volonté » et « Désir ».

Böhme affirme qu'il y a d'*innombrables* formes de la nature : chacune de ces formes « *(...) produit une volonté selon sa qualité propre. (...). Elles se font la guerre, elles s'emprisonnent, elles s'entre-tuent. L'une l'emporte sur l'essence de l'autre et sur son esprit, pour l'incorporer à une autre figure.* »[347] Il nous est possible de les déterminer : elles sont au nombre de sept.

C'est à partir de la volonté première de Dieu et du « *(...) désir qu'elle a conçu* »[348] qu'apparaissent ces sept formes de la nature éternelle. Par la suite, grâce à l'éclair de leurs mouvements, elles engendreront l'élément simple ou Saint (l'un des sept principes), ce dernier engendrant ensuite les quatre éléments du monde extérieur[349], et donc, par la suite, les sept planètes, les sept métaux, et les créatures.

Ces sept formes de la nature éternelle, par le chemin de l'élément unique, puis par celui des quatre éléments, se révèlent elles-mêmes « *(...) dans la nature extérieure émanée d'elle. Les anciens Sages ont donné aux planètes les noms de ces sept formes. Ces noms ne désignaient (...) pas seulement les planètes, ils s'appliquaient d'abord aux sept qualités qui concourent pour l'engendrement de tous les êtres.* »[350] Ces qualités sont également appelés « esprits »[351]. Il en est de même pour les formes : « *(...) sept esprits ou formes (....)* »[352].

Dans ce déploiement, on sent bien la manifestation du monde éternel dans le cœur même de la nature extérieure : « *(...) l'Être éternel a engendré dans le désir une image de lui-*

[347] Jacob Böhme, *De signatura rerum*, chapitre 2, § 1.
[348] Jacob Böhme, *De signatura rerum*, chapitre 4, § 4.
[349] Jacob Böhme, *De signatura rerum*, chapitre 4, § 2.
[350] Jacob Böhme, *De signatura rerum*, chapitre 9, § 8.
[351] Jacob Böhme, *De signatura rerum*, chapitre 9, § 10.
[352] Jacob Böhme, *De signatura rerum*, chapitre 13, § 21.

même pour s'y révéler, se manifestant ainsi dans d'innombrables fi-gures que représentent les étoiles, les éléments, les créatures, les arbres, les plantes. »[353] Et Böhme de rajouter l'essentiel : « *C'est pourquoi l'esprit des choses réside essentiellement dans la signature.* »[354]

D'un point de vue ontologique, il est très difficile d'établir cette dichotomie entre la nature éternelle et la nature extérieure.[355] Ce n'est que par la parole que nous posons cette distinction. Dans la réalité objective, les mondes sont enchâssés les uns dans les autres, même s'ils ne se confondent pas (rappelons qu'il n'y a pas de panthéisme chez Böhme).

Or, cette difficulté est ici accentuée par le fait que l'on ne sait pas exactement non plus où se posent les limites entre monde éternel et monde extérieur par rapport aux « formes ». Lorsque l'on lit Böhme, il faut être attentif à ce risque de la confusion : on ne comprend pas bien ce en quoi ces formes sont spécifiquement celles de la nature éternelle ou bien celles de la nature extérieure. On ne comprend pas bien non plus ce que signifient exactement tous ces termes de « formes », de « qualité » et d'« esprit », en particulier les uns par rapport aux autres. Il nous semble qu'ils désignent la même réalité objective mais à chaque fois d'un autre point de vue : la forme semble désigner le mode d'existence même de la nature éternelle, c'est-à-dire les caractéristiques d'une manière d'être ; la qualité semble désigner la forme, mais du point de vue de la nature extérieure : chaque particule de la nature ne fait qu'exprimer sa qualité[356], c'est-à-dire la forme de la nature éternelle, dans la manifestation de sa signature dans la nature extérieure ; l'esprit semble désigner la forme, mais du point de vue de la nature éternelle : c'est l'aspect suprasensible et donc spirituel de la nature.

---

[353] Jacob Böhme, *De signatura rerum*, chapitre 1, § 15.
[354] Jacob Böhme, *De signatura rerum*, chapitre 50, § 16.
[355] Jacob Böhme, *De signatura rerum*, chapitre 14, § 2.
[356] Jacob Böhme, *De signatura rerum*, chapitre 1, § 17.

Le contenu sémantique de ces formes est donc particulièrement obscur : il est difficile d'y comprendre quelque chose de manière claire.

Dans un premier moment[357] du texte, dont fait ensuite écho un second moment[358], Böhme nous expose en détail les sept formes, spécifiquement dites de la « nature éternelle ».

Böhme nous parle même parfois des sept formes de la « mère universelle »[359]. Cette première mère désigne « *(...) la volonté libre et le désir qu'elle a conçu. Elle entre dans sept formes. Elle se révèle dans la totalité de ces sept qualités, (...).* »[360] Elle est donc la nature même : Dieu, à partir de son désir, a créé le corps de la nature, comme image de sa propre volonté. En fait, « *Cette nature est la mère dans le sein de laquelle le mystère s'engendre pour se révéler. Elle est l'Être dans lequel apparaît ce que la volonté divine a conçu dans l'éternité. Elle est l'âme éternelle contenue dans cette volonté. Cependant elle n'a de réalité qu'en esprit. Elle est l'Être virtuel, qui n'a de réalité que dans le miroir de la volonté divine. Elle est la Sagesse éternelle.* »[361] Ensuite, « *(...) la nature, conçue dans l'éternité, est née dans le temps. (...). Elle comprend trois principes : le Soufre, le Mercure et le Sel.* »[362]

C'est ainsi que « *La mère éternelle engendre toutes choses par sept formes.* »[363] :

- La première forme « *(...) est la qualité de l'âpreté. Elle est une force attractive et constrictive violente. Elle est la cause du froid, du Sel de tous les corps.* »[364] Plus loin, cette forme nous est posée comme « *(...) le désir âpre, froid, dur, ténébreux.* »[365] Il est dit aussi que cette forme est « *(...) la force coagulatrice du*

[357] Jacob Böhme, *De signatura rerum*, chapitre 4, § 4 à 12.
[358] Jacob Böhme, *De signatura rerum*, chapitre 14, § 10 à § 32.
[359] Jacob Böhme, *De signatura rerum*, chapitre 14, § 7.
[360] Jacob Böhme, *De signatura rerum*, chapitre 4, § 4.
[361] Jacob Böhme, *De signatura rerum*, chapitre 14, § 8.
[362] Jacob Böhme, *De signatura rerum*, chapitre 14, § 9.
[363] Jacob Böhme, *De signatura rerum*, chapitre 14, § 10.
[364] Jacob Böhme, *De signatura rerum*, chapitre 4, § 5.
[365] Jacob Böhme, *De signatura rerum*, chapitre 14, § 10.

désir. Elle est le fiat. *Elle concentre en elle seule les vertus des sept formes pour créer toutes choses à partir du Néant.* »[366]

- La seconde forme « *(...) est l'aiguillon ou le mouvement qui naît avec l'attraction et la contraction. L'aiguillon est la cause de la sensibilité, de l'âcreté, de la douleur, de l'agitation, de l'amertume, de la discorde, de la joie, de la peine.* »[367] Plus loin, cette forme nous est posée comme la figure de « *(...) l'amertume. Elle est l'aiguillon du désir qui s'arrache à lui-même.* »[368] Il est dit aussi que cette forme est l'ennemie de la première : la première « *(...) est l'âpreté du désir qui attire tout à soi. La seconde est la force qui tire le désir vers son objet.* »[369]

- La troisième forme est « *(...) la grande angoisse engendrée par la compression du désir. Avec l'angoisse apparaissent deux volontés, l'une qui déchaîne le feu (...), l'autre qui meurt dans le feu.* »[370] Plus loin, cette forme est posée comme « *(...) l'angoisse provoquée par l'aiguillon furieux et la douleur de la nature blessée.* »[371] Il est dit aussi que cette forme, c'est-à-dire l'angoisse, est l'engendrement des deux premières formes : « *Tous deux engendrent l'angoisse, troisième forme de la nature.* »[372]

Böhme souligne que « *Ces trois premières formes de la nature sont trois esprits en un. Elles sont ensemble l'esprit de la colère.* »[373] Il y a une mère de la matière, elle est spirituelle, c'est-à-dire qu'elle est à l'origine de la matière de la nature extérieure. À chaque forme correspond une matière : la matière opaque (dont le fiat produira la terre), le poison (que le *fiat* incorpore à la matière), l'angoisse (qui mêlera le Soufre à l'ensemble).[374]

---

[366] Jacob Böhme, *De signatura rerum*, chapitre 14, § 14.
[367] Jacob Böhme, *De signatura rerum*, chapitre 4, § 6.
[368] Jacob Böhme, *De signatura rerum*, chapitre 14, § 10.
[369] Jacob Böhme, *De signatura rerum*, chapitre 14, § 16.
[370] Jacob Böhme, *De signatura rerum*, chapitre 4, § 7.
[371] Jacob Böhme, *De signatura rerum*, chapitre 14, § 10.
[372] Jacob Böhme, *De signatura rerum*, chapitre 14, § 17.
[373] Jacob Böhme, *De signatura rerum*, chapitre 14, § 19.
[374] Jacob Böhme, *De signatura rerum*, chapitre 14, § 19.

- La quatrième forme est « *(...) le feu lui-même, qui est le tout premier principe de la vie. Elle est l'éclair qui sépare la lumière et les ténèbres, mais aussi l'esprit et la matière en toutes choses. (...) la matière produit l'être mortel, le feu originel transmet la vraie vie.* »[375] Plus loin, cette forme est également posée comme le feu lui-même : mais un feu qui surgit dans les ténèbres et qui « *(...) engloutit la matière durcie. Il la transforme en un esprit qui est un souffle et un corps.* »[376] Il est dit aussi que cette forme est le feu dont l'« *(...) origine est double. Elle est d'une part le feu froid de l'angoisse. Le feu naît dans la douleur du grand froid. Sa racine est dans le froid de l'âpreté et dans la fureur de l'aiguillon. (...). Mais d'autre part, le feu vient de la volonté qui a engendré la nature. Cette volonté reste un moment captive du froid dur et ténébreux, mais elle s'en échappe. Elle sort de cette nature tourmentée pour retourner à la liberté.* »[377] Cette forme est donc à l'origine de la liberté.

- La cinquième forme est « *(...) le désir nouveau, né après la séparation de la lumière et des ténèbres. Ce désir a deux qualités. Selon la première, il est l'image de la volonté libre, il procède de la lumière. Il est l'amour ou l'achèvement du désir. Son autre qualité lui vient du feu. Il est la vie du feu (...) épanoui dans l'amour et la lumière. (...). Le feu est vorace, il a besoin de matière. S'il n'était pas nourri, le feu s'éteindrait. (...) Si le feu s'éteignait, la lumière s'enténébrerait et l'amour ferait place à l'angoisse (...).* »[378] Plus loin, cette forme est posée comme « *(...) le degré où la volonté libre sort des ténèbres et du feu (...).* »[379] Il est dit aussi que cette forme est « *(...) le désir changé en amour. (...). Il est devenu la flamme de l'amour. (...). L'angoisse se change en amour.* »[380]

---

[375] Jacob Böhme, *De signatura rerum*, chapitre 4, § 8.
[376] Jacob Böhme, *De signatura rerum*, chapitre 14, § 10.
[377] Jacob Böhme, *De signatura rerum*, chapitre 14, § 20. Voir aussi les passages consacrés au problème de la liberté.
[378] Jacob Böhme, *De signatura rerum*, chapitre 4, § 9.
[379] Jacob Böhme, *De signatura rerum*, chapitre 14, § 10.
[380] Jacob Böhme, *De signatura rerum*, chapitre 14, § 30 et 31.

- La sixième forme est « *(...) l'effet de la multiplication des essences avant l'apparition du feu. (...) Dans le feu qui s'allume, les qualités se pénètrent, le désir de l'amour gagne toutes les formes et elles ont faim l'une de l'autre.* »[381] Cette sixième forme engendre « *(...) le goût, l'odorat, l'ouïe, la vue, et le toucher, mais aussi le langage.* »[382] Elle engendre aussi la confrontation des contraires : « *(...) la vie s'épanouit dans la mort, l'amour dans la colère. La lumière brille dans les ténèbres, le fiancé embrasse sa fiancée. Dieu lui-même s'oppose à sa colère, qui est fureur de la nature.* »[383] Plus loin, cette forme est posée comme « *(...) la voix et le son. (...).* [Le son] *est devenu la musique de l'amour. Il est l'éclat de la lumière (...). Il est la voix de la vie intelligible. C'est dans le corps du son que naissent les cinq sens (...).* »[384] Il est dit aussi que cette forme est l'enfant des cinq premières formes. Par cette forme, « *(...) la volonté du feu s'est donné un corps de lumière.* »[385]

- La septième forme est « *(...) issue des six autres à la fois. Elle est leur corps, leur demeure, et leur nourriture.* »[386] Plus loin, cette forme est posée comme « *(...) le menstrue ou la semence des six autres. Elle donne au désir un corps réel qui renferme toutes les qualités. Tout ce que les six formes sont en esprit, la septième l'est réellement.* »[387] Il est dit aussi, plus précisément, que cette forme « *(...) a engendré notre monde visible avec son gouvernement selon la loi de la nature éternelle.* »[388]

Böhme semble donc ici expliquer que les six premières formes sont de l'ordre de la nature éternelle, et que la septième est de l'ordre de la nature extérieure. Cela expliquerait ce passage entre les deux natures. Mais nous ne sommes pas

---

381 Jacob Böhme, *De signatura rerum*, chapitre 4, § 10.
382 Jacob Böhme, *De signatura rerum*, chapitre 4, § 11.
383 Jacob Böhme, *De signatura rerum*, chapitre 4, § 11.
384 Jacob Böhme, *De signatura rerum*, chapitre 14, § 10.
385 Jacob Böhme, *De signatura rerum*, chapitre 14, § 32.
386 Jacob Böhme, *De signatura rerum*, chapitre 4, § 12.
387 Jacob Böhme, *De signatura rerum*, chapitre 14, § 10.
388 Jacob Böhme, *De signatura rerum*, chapitre 14, § 32.

satisfait : les six autres, de par leurs caractères ontologiques, semblent déjà avoir à faire avec le monde extérieur.

- Hermétisme (l').

Böhme n'utilise pas le terme dans la *De signatura rerum*, mais sa pensée – il est difficile de ne pas s'en apercevoir – en est totalement imprégnée. Brièvement, l'on pourrait poser l'hermétisme comme un ensemble, vaste et sinueux, de théories et pratiques alchimistes, de principes liés à l'astrologie, de même qu'à l'occultisme, c'est-à-dire à cette croyance qui suppose l'existence d'une réalité suprasensible au monde, et qu'il est possible, par diverses techniques, d'entrer en contact avec elle.

- Homme.

Voir « Mercure ».

Il s'agit d'une créature supérieure, car elle est la seule à participer à la fois à la nature éternelle et à la nature extérieure. Le destin de l'homme rejoint celui de l'univers par rapport à la Chute, le Mal, la mort, la régénération. Par le Christ, l'homme est la clef du mystère de la transmutation et donc de la guérison.

- Huile.

Voir « Mercure ».

L'huile est le remède au poison, ou plutôt, elle est le poison devenu remède par l'action du Mercure.

- Intelligence.

Voir « Verbe (céleste) » et « Principes (les sept) ».

L'intelligence est l'un des sept principes.

- Jaillissement (de la lumière).

Voir « Lumière » et « Principes (les sept) ».

Le jaillissement de la lumière est l'un des sept principes.

- Joie.

Voir « Liberté » et « Formes (les sept) ».

Elle est la manifestation de l'amour de Dieu.

- Jours (les sept).

Voir « Formes (les sept) ».

Böhme établit un parallèle entre les sept formes et les sept jours de la semaine : « *C'est sur le modèle de ces sept formes ou qualités que Dieu a ordonné à l'homme de travailler pendant six jours. Le septième jour est la qualité parfaite dans laquelle les six formes sont en repos. Cette qualité est le centre vers lequel chacune des six autres est poussée par son désir. C'est pourquoi Dieu a appelé le septième jour le jour du repos, le sabbat. Il est le Verbe apparu dans la plénitude de la force divine. Il est la Parole formée en un seul corps. C'est par cette parole corporifiée que toutes choses naissent pour revêtir un corps.* »[389]

- Liberté.

Voir « Libre arbitre », « Néant » (*Ungrund*), « Mercure » et « Formes (les sept) ».

Pour Böhme, la liberté peut être considérée comme un principe.[390] Elle ne se détermine jamais pour elle-même : dans le texte, elle est développée dans sa communion avec un certain nombre de notions parallèles.

---

[389] Jacob Böhme, *De signatura rerum*, chapitre 9, § 2.
[390] Jacob Böhme, *De signatura rerum*, chapitre 11, § 99.

Premièrement, il se pose une identification entre la notion de liberté et celles de Dieu et du Christ : « *Le désir de la liberté est doux et lumineux. Dieu est son nom.* »[391] Et « *Manifestées dans le feu, la béatitude, la pureté, la liberté ont le nom du Christ.* »[392] En fait « *La liberté et la béatitude donnent un corps de lumière à la vie. (...). Voyez le feu et la lumière et vous aurez l'image du Père et du Fils.* »[393] On peut dire que « *La liberté, dont le nom est Dieu, est la cause première de la lumière.* »[394]

Deuxièmement, il se pose donc une identification entre la notion de liberté et celles de lumière et de joie : « *C'est elle* [la liberté] *qui fonde le règne de la lumière et de la joie.* »[395] Et encore : « *Elle est la joie du paradis.* »[396] De même que « *La liberté* [produit] *les corps lumineux.* »[397] Mais « *En soi, la liberté n'est ni ténébreuse ni lumineuse. C'est le mouvement qui la rend lumineuse.* »[398]

Troisièmement, il se pose une identification entre la notion de liberté et celle de Néant : « *Le Néant est la liberté de Dieu manifestée dans les ténèbres. Le Néant ne veut ni ne peut être une pure absence, c'est pourquoi il aspire à se révéler.* »[399] En effet, « *Le Néant n'a d'autre fin que de se révéler dans le rayonnement de la force divine et dans la lumière.* »[400] C'est en ce sens que le Néant a donc à voir avec la liberté : « *La liberté habite les ténèbres. Elle est le désir de la lumière qui s'oppose au désir de ténèbres. (...). La liberté est insaisissable. Elle est le Néant. Elle existe avant la nature et hors d'elle. Elle n'est fondée en rien. C'est pourquoi la nature ne peut ni la saisir ni la retenir. Alors la nature cède à la liberté qui engloutit sa matière ténébreuse. Désormais, grâce à la mobilité qu'elle a acquise, la liberté règne dans les ténèbres sans que les ténèbres*

[391] Jacob Böhme, *De signatura rerum*, chapitre 2, § 23.
[392] Jacob Böhme, *De signatura rerum*, chapitre 7, § 31.
[393] Jacob Böhme, *De signatura rerum*, chapitre 7, § 33.
[394] Jacob Böhme, *De signatura rerum*, chapitre 14, § 24.
[395] Jacob Böhme, *De signatura rerum*, chapitre 2, § 29.
[396] Jacob Böhme, *De signatura rerum*, chapitre 3, § 18.
[397] Jacob Böhme, *De signatura rerum*, chapitre 3, § 16.
[398] Jacob Böhme, *De signatura rerum*, chapitre 14, § 21.
[399] Jacob Böhme, *De signatura rerum*, chapitre 12, § 21.
[400] Jacob Böhme, *De signatura rerum*, chapitre 13, § 17.

puissent l'atteindre. »[401] Cependant, « *(...) la liberté ne veut pas être rien. Elle désire la nature pour se manifester dans la force de Dieu, dans ses prodiges, dans un corps.* »[402] En fait, « *La liberté est le Néant. En soi elle est insubstantielle.* »[403]

Et dernièrement, en ce qui concerne l'homme, la liberté se pose comme l'évidente possibilité de faire le choix par la volonté : il s'agit bien d'une identification au libre arbitre.

- Libre arbitre.

Voir « Liberté ».

Pour Böhme, « *Au lieu de sa création, chaque esprit est libre de choisir entre deux principes* [l'amour et la colère]. *Il (...) peut concevoir le désir de son choix.* »[404] De même que « *Selon son origine dans l'éternité, l'esprit de la créature est une volonté libre. L'esprit se détermine librement.* »[405]

- Lion (blanc).

Il désigne la parole régénérée. Il désigne le Mercure céleste réapparaissant en l'homme par l'action du Christ.

- Lumière.

Voir « Dialectique », « Ténèbres », « Liberté », « Formes (les sept) », « Qualités (les sept) », « Forces (les sept) », et « Principes (les sept) ».

La lumière est, avec les ténèbres, l'un des piliers de la dialectique : dans le monde, tout est structuré par la dialectique des ténèbres et de la lumière.

La lumière est considérée comme l'une des sept formes, ou l'une des sept forces ou l'un des sept principes. Selon Ernst

---

[401] Jacob Böhme, *De signatura rerum*, chapitre 14, § 22.
[402] Jacob Böhme, *De signatura rerum*, chapitre 14, § 23.
[403] Jacob Böhme, *De signatura rerum*, chapitre 14, § 27.
[404] Jacob Böhme, *De signatura rerum*, chapitre 16, § 32.
[405] Jacob Böhme, *De signatura rerum*, chapitre 16, § 33.

Bloch, « *Dans l'univers il* [le feu dévorant comme l'une des sept forces] *est le feu du milieu qui réchauffe et éclaire tout, le brasier du soleil qui nous apporte le printemps, qui fait éclore la vie, qui se manifeste par la chaleur et la chose la plus plaisante en ce monde, lumière – c'est donc le feu qui, libéré, donne naissance à la cinquième force foisonnante, à la lumière : le monde s'éclaire.* »[406]

- Mage.

Voir « Alchimiste » et « Mercure ».

Désigne l'alchimiste.

- Matière.

Voir « Principes (les trois) » et « Volonté ».

La matière est le résultat objectif et effectif de la corporification opérée par le désir, selon la volonté.

- Médecin.

Voir « Alchimiste » et « Mercure ».

Désigne l'alchimiste.

- Mère (universelle) ou Royaumes de la mère (les sept).

Voir « Qualités (les sept) » et « Formes (les sept) ».

Désigne la pulsion à l'origine des sept formes.

---

[406] Ernst Bloch, *La philosophie de la Renaissance*, page 91.

- Mercure.

Voir « Principes (les trois) », « Formes (les trois) », « Soufre », « Sel », « Huile », « Amour », « Liberté », « Dieu », « Alchimiste », « Homme », « Mouvement », et « Vie ».

Le Mercure est la seconde des trois formes du troisième principe. Il s'agit là de la forme la plus utilisée par Böhme : son rôle est impliqué à tous les niveaux de l'univers.

Notons qu'il est difficile de distinguer la forme Mercure de la planète Mercure.

1. Le bilan.

En Mercure également, la dialectique est une réalité.

Le Mercure terrestre ou extérieur est une puissance hostile, un poison, un lieu de l'inquiétude, de l'angoisse et de la malignité. Dans le séjour des morts, il est le Mal.

Le Mercure céleste ou intérieur est la cause de toute vie, la cause du mouvement (comme le Soufre). Il aspire à la quiétude, cherche le repos. Il cherche le principe de l'huile qui vient de la lumière : ici, Mercure est la force du bien. Dans le désir de l'amour, Mercure est le Verbe éternel, fondement de l'éternité et du Dieu révélé : le Verbe éternel est le Mercure divin. Il s'est fait homme par Jésus-Christ. Par le Christ, le Mercure divin a tué le Mercure terrestre (ou humain), il a tué la mort. Mercure est l'ouvrier de l'opération « *de la mort de la mort* »[407]. Il est l'image de Dieu, par lequel le Dieu vivant s'est révélé par sa propre mort. C'est pourquoi l'alchimiste se doit d'opérer par Mercure : il doit opérer par imitation, l'imitation du Christ, pour autoriser la vie vraie. C'est pourquoi, par extension, Mercure rend-il possible tout engendrement sur cette terre. C'est lui qui fait affranchir de toute mort. Cela n'est possible que par Mercure : sans Mercure, toute vie serait impossible.

[407] Jacob Böhme, *De signatura rerum*, chapitre 7, § 26 et chapitre 11, § 90.

Le Mercure est né du Soufre, et pourtant c'est Mercure qui dirige le Soufre de même que Mercure est l'ouvrier du Soufre (cette contradiction est ici incompréhensible) : il est la vie du Soufre, il discerne le Soufre du Sel.

Le Mercure est le séparateur de la lumière (substance lumineuse) des ténèbres (matière ténébreuse) : il est la cause de la division. L'un devient le multiple.

En ce qui concerne l'homme, son corps tient du Mercure, alors que son esprit (l'homme intérieur) tient du Soufre, même si le Soufre est à l'origine de l'esprit et du corps. Cette contradiction est ici irrésolue.

2. Les références.

Il est très difficile d'établir un classement thématique des références au Mercure : en effet, ce dernier se définit par des particularités complexes, obscures, et parfois contradictoires. Nous avons essayé de les regrouper, mais sans grand succès de clarté.

La naissance du Mercure est explicitée ainsi : pour Böhme, « *Le désir manifesté par le* fiat *a donné naissance au Mercure de la nature extérieure. Ce Mercure est la vie qui se révèle à elle-même.* »[408]

Les trois qualités du Mercure : il « *(...) naît avec trois qualités. Il est le tremblement causé par la colère. Il est l'angoisse provoquée par la terrible contraction du désir. Il est le multiple qui sort de l'Un et qui est la vie des essences.* »[409]

Le Mercure est posé comme le principe séparateur : il « *(...) naît du Soufre. Il est le séparateur. Il sépare la lumière et les ténèbres. (...). Il est la cause de la division. C'est par lui que*

[408] Jacob Böhme, *De signatura rerum*, chapitre 7, § 13.
[409] Jacob Böhme, *De signatura rerum*, chapitre 3, § 17.

l'Un devient le multiple. Mercure sépare la matière ténébreuse et la substance lumineuse. »[410]

Le Mercure, la vie et le mouvement : pour Böhme, « *Toute vie comprise dans les limites du Verbe créé a pour principes le Sel, le Soufre et le Mercure.* »[411] En fait, « *Le Soufre a son ouvrier, Mercure, qui opère en lui.* »[412] Et « *La vie s'appelle Mercure.* »[413] Mercure « *(...) est une puissance hostile, elle est un poison. Cependant Mercure est la cause de la vie et du mouvement.* »[414] Et « *La rotation de Mercure dans le Soufre est l'origine du mouvement.* »[415] Böhme rajoute que c'est Mercure « *(...) qui fait tourner la roue de l'angoisse, or il est la cause de toute vie et de tout mouvement.* »[416] Dans ce monde « *(...) c'est le Soufre qui régit toute croissance et toute vie. Le Mercure est la vie du Soufre. Le Sel corporifie l'appétit du Mercure.* »[417] Aussi, « *(...) dans tout mouvement, c'est le Mercure qui opère. (...). Le Mercure est la roue de tous les engendrements. Celui dont je parle n'est pas une matière morte. Au contraire, c'est le Mercure vivant et puissant.* »[418]

Le Mercure, l'amour et la liberté céleste : Pour Böhme, Mercure « *(...) est l'inquiétude.* [il] *aspire à la quiétude. Cependant, en cherchant le repos,* [il] *provoque la turbulence.* [il] *devient son propre ennemi.* »[419] Mais c'est aussi en cherchant le repos que Mercure aspire à l'amour : « *La douceur de l'amour apaise la mâle faim de Mercure et elle la guérit. Ce que Mercure détruit en faisant tourner la roue folle de sa propre qualité, l'amour (...) le restaure. Voilà comment en toute vie il y a le mal et le bien.* »[420] En fait, « *La liberté céleste pénètre Mercure. L'ayant goûté, Mercure a soif de l'amour*

---

[410] Jacob Böhme, *De signatura rerum*, chapitre 3, § 16.
[411] Jacob Böhme, *De signatura rerum*, chapitre 13, § 6.
[412] Jacob Böhme, *De signatura rerum*, chapitre 5, § 14.
[413] Jacob Böhme, *De signatura rerum*, chapitre 13, § 10.
[414] Jacob Böhme, *De signatura rerum*, chapitre 2, § 17.
[415] Jacob Böhme, *De signatura rerum*, chapitre 14, § 38.
[416] Jacob Böhme, *De signatura rerum*, chapitre 6, § 7.
[417] Jacob Böhme, *De signatura rerum*, chapitre 6, § 19.
[418] Jacob Böhme, *De signatura rerum*, chapitre 6, § 20.
[419] Jacob Böhme, *De signatura rerum*, chapitre 2, § 18.
[420] Jacob Böhme, *De signatura rerum*, chapitre 6, § 9.

qu'elle lui infuse. Il s'imprègne de l'amour qui devient la force de son désir. L'amour transmue Mercure. Il rend délectables son Sel et le Soufre qui est sa mère. Unie à Mercure, la liberté céleste devient la vie et le mouvement. »[421] En fait, « *Dès que le Mercure virulent, figure de la colère de Dieu, absorbe la teinture de l'amour, l'angoisse de la mort devient la joie du paradis. (...). Lorsque le Mercure se remplit de vie céleste, il n'a plus faim de vie terrestre. Son désir ne s'attache plus à la nature des quatre éléments, il a pour unique objet l'élément simple.* »[422]

Le Mercure et l'huile : pour Böhme, « *(...) c'est dans le Mercure le plus violent, celui qui est le poison le plus virulent, que se trouve la plus sublime de toutes les teintures. Certes, elle n'en a pas la qualité dominante. Celle-ci doit être détruite car, dès le centre qui en est le principe, elle est le règne de l'angoisse et de la malignité. Cependant ce même Mercure recèle un autre principe : une huile qui vient de la lumière.* »[423] Ainsi, « *Dans le Mercure le plus virulent et dans l'angoisse la plus terrible est cachée une huile qui est une teinture pour toutes les maladies et qui les chasse.* »[424]

Le Mercure, l'huile et la mort : pour Böhme, « *(...) la vie ne saurait naître sans que la mort en soit la cause. C'est avec le mouvement que s'engendre la vie, or le Mercure est la vie et le mouvement. Dans le séjour de la mort, Mercure représente le mal. Sa vie n'est que la mort, la vie de l'enfer, de la colère de Dieu. Par contre, dans l'huile, Mercure est la force du bien émanée du règne de la douleur et de la liberté de Dieu. Ce Mercure est le suprême maître d'oeuvre qui commande l'âme ordonnatrice de notre monde.* »[425]

Le Mercure et la mort : pour Böhme, « *Nul ne s'affranchit de la mort, nul n'en revient si le Mercure céleste, le Mercure*

[421] Jacob Böhme, *De signatura rerum*, chapitre 8, § 17.
[422] Jacob Böhme, *De signatura rerum*, chapitre 7, § 26.
[423] Jacob Böhme, *De signatura rerum*, chapitre 6, § 28.
[424] Jacob Böhme, *De signatura rerum*, chapitre 7, § 21.
[425] Jacob Böhme, *De signatura rerum*, chapitre 8, § 7.

divin ne redevient actif en lui. »[426] Et « *Sans Mercure et sans son poison, toute vie serait muette, écoeurante et comme une mort.* »[427] En fait, « *(...) lorsque le désir n'est plus fécondé par l'amour, c'est la mort qui l'habite. Dans ce cas, Mercure engendre la mort.* »[428]

Le Mercure, la mort et le divin : Böhme affirme que « *(...) de la lumière et du feu est né le désir qui est l'amour de Dieu et la joie du paradis. Dans ce désir, Mercure est le Verbe éternel. Il est le fondement de l'éternité et du Dieu révélé.* »[429] Et « *Avec la lumière sortie du feu (le feu éternel, spirituel, magique) s'engendre le Verbe qui réunit la force, les couleurs et les vertus. Le Verbe est Mercure qui en lui-même concentre la force pour lui donner un corps.* »[430] Ainsi, par extension, « *Le Verbe éternel est le Mercure divin. Rempli de la force de Dieu, il s'est fait homme* [Jésus-Christ]. *Il a tué la mort. Il a vaincu la colère qui régnait dans l'homme déchu. Le Mercure divin a vaincu le Mercure humain et il a changé le règne de la colère en royaume céleste.* »[431] Ainsi, « *Le Mercure céleste est l'image de Dieu. Il est le Verbe par lequel le Dieu vivant s'est révélé.* »[432] Böhme rajoute ceci : « *J'ai parlé du Mercure intérieur et du Mercure extérieur. Par le premier, j'entends le Verbe de Dieu par lequel l'éternité sans commencement s'est révélé, et par le second, l'Esprit préposé à notre nature, l'outil que dirige le Verbe intérieur, le Verbe divin, vivant, puissant, pour créer et opérer dans notre monde.* »[433]

Le Mercure et l'homme : Böhme note que « *L'homme intérieur tient du Soufre. Mais son corps, figure du divin, est sous le pouvoir de Mercure.* »[434] En fait, « *Le Soufre est la matrice de tout esprit et de tout corps. Dans le Soufre, c'est Mercure qui commande. Le Sel est leur demeure que construit*

---

[426] Jacob Böhme, *De signatura rerum*, chapitre 6, § 25.
[427] Jacob Böhme, *De signatura rerum*, chapitre 6, § 29.
[428] Jacob Böhme, *De signatura rerum*, chapitre 8, § 11.
[429] Jacob Böhme, *De signatura rerum*, chapitre 7, § 14.
[430] Jacob Böhme, *De signatura rerum*, chapitre 7, § 15.
[431] Jacob Böhme, *De signatura rerum*, chapitre 7, § 26.
[432] Jacob Böhme, *De signatura rerum*, chapitre 8, § 55.
[433] Jacob Böhme, *De signatura rerum*, chapitre 8, § 56.
[434] Jacob Böhme, *De signatura rerum*, chapitre 4, § 18.

Mercure à même le Soufre. »[435] Pour Böhme, en référence à l'homme, et dans le rapport de ce dernier à la nature, « *C'est le feu dévorant de Mercure qui produit l'angoisse et qui empoisonne la nature temporelle. C'est le Mercure extérieur qui pervertit cette nature par son désir propre. (...). C'est ainsi que le temps se sépare de l'éternité, selon le corps et selon l'esprit. (...). Ce divorce entre le temps et l'éternité fut la mort d'Adam et Eve. Par le dévoiement de son imagination, Mercure, qui était le feu de leur âme, est sorti de l'éternité pour entrer dans le temps sous l'emprise de l'angoisse. Ainsi l'élément éternel a perdu son guide. Le Christ l'a rétabli dans sa qualité de Verbe divin, ou de Mercure céleste. L'élément éternel que Mercure avait quitté dans l'âme d'Adam a repris vie.* »[436]

Le Mercure et l'alchimiste : Böhme souligne particulièrement que « *Ce que nous évoquons, est le mystère que doit méditer le mage. S'il veut accomplir des prodiges avec le Christ, s'il veut régénérer le corps malade par la teinture appropriée, qu'il le baptise d'abord pour qu'il ait faim du pain de Dieu. L'esprit de cette faim sera le Verbe créateur, ouvrier de la nouvelle croissance, c'est-à-dire Mercure. (...). Autrement dit, il fallait que le Mercure mort dans l'essence humaine fût ranimé dans la partie céleste. L'homme a recommencé à se nourrir du pain de Dieu après que Mercure eut été rétabli dans sa qualité céleste et mis à l'unisson de la volonté divine. Alors le Mercure de l'homme intérieur s'est nourri du saint élément en goûtant la Parole de Dieu. Quant à l'homme des quatre éléments, il s'est nourri de la nuit jusqu'au moment où Mercure a exalté sa vie. Le Mercure de l'homme a opéré la transmutation des quatre éléments.* »[437] Böhme rajoute : « *Tel est le processus que le mage alchimiste doit imiter. (...). Tu baptiseras avec le Mercure céleste le Mercure mort, englouti dans l'élément divin et inactif. Les deux sont dans le même corps, mais il faudra que tu aies l'eau du Mercure céleste en même temps que l'eau terrestre. Le Mercure terrestre ne recevra plus*

[435] Jacob Böhme, *De signatura rerum*, chapitre 13, § 7.
[436] Jacob Böhme, *De signatura rerum*, chapitre 8, § 9.
[437] Jacob Böhme, *De signatura rerum*, chapitre 7, § 48.

le Mercure céleste tant que dans ce dernier n'aura pas été éveillée la force qui le mettra en mouvement et qui excitera sa faim. A ce moment, le Mercure céleste cherchera de quoi se rassasier. Il ne trouvera pas de nourriture céleste. Dès lors, à travers la mort, sa volonté se portera vers le Verbe dont il est né. Il aura faim de lui. Dès lors, l'élément divin se répandra en lui et sera en lui le paradis. »[438] En fait, « *Le vrai remède est le Mercure céleste. Vous voulez mériter le titre de docteur, de maître de médecine ? Eh bien ! sachez comment accomplir la transmutation de Mercure dans le Soufre, comment lui donner la qualité de l'amour, comment le libérer de l'angoisse et l'épanouir dans la joie, comment changer la nature terrestre en nature céleste, la mort en vie.* »[439]

- Métaux.

Développement effectué sous « Qualités (les sept) ».

Voir aussi sous « Alchimie », « Création », et « Formes (les sept) ».

Il y en a sept : cinq métaux imparfaits, c'est-à-dire altérables, du plus vil au moins vil (Cuivre, Fer, Etain, Plomb, Vif-argent ou Mercure), et deux métaux parfaits, c'est-à-dire inaltérables (Argent et Or).

- Monde (les trois) de l'homme.

À ce sujet, Böhme est très clair : il décompose explicitement ces trois mondes. Mais en même temps, il y fait régner une certaine confusion : leurs significations sont assez obscures : « *L'homme comprend trois mondes. (...). Le premier est le règne de la lumière et de l'Intelligence. Il est Dieu. Le second est l'emprise du feu, c'est-à-dire la nature éternelle du Père de tous les êtres* [c'est-à-dire la nature céleste]. *Le troisième est le royaume de l'amour incarné dans la chair céleste* [c'est-à-dire la chair de la nature éternelle, c'est-à-dire l'esprit].»[440]

---

[438] Jacob Böhme, *De signatura rerum*, chapitre 7, § 49.
[439] Jacob Böhme, *De signatura rerum*, chapitre 8, § 27.
[440] Jacob Böhme, *De signatura rerum*, chapitre 10, § 3 et 4.

Dans les *Epistolae Theosophicae* [441], les trois mondes de l'homme diffèrent : le premier monde y est celui du divin (comme la *De signatura rerum*), le second, celui des ténèbres, et le troisième, celui du monde extérieur et visible.

- Mort.

Voir « Mercure » et « Sel ».

Elle est l'axe central – au titre de basculement – de la dialectique : le noeud du *Mysterium Magnum* humain et christique.

- Mouvement.

Voir « Mercure » et « Formes (les sept) ».

Le Mouvement est à l'origine de l'agissement des sept formes de la nature éternelle.

- Mystique (la).

Böhme n'utilise pas le terme dans la *De signatura rerum*, mais il a souvent été catalogué comme « penseur mystique » : le courant de la mystique rhénane (Maître Eckhart, Tauler, Merswin, etc.) en particulier est l'une de ses sources d'inspiration. Brièvement, l'on pourrait poser la mystique comme une croyance, une pratique, qui, au-delà de la raison, suppose l'union possible de l'homme et de dieu. Il y a là un rapport au mystère de cette union, au-delà de la raison, dans l'indicibilité d'une telle expérience.

- Nature.

Voir « Signature », « Création », et « Formes (les sept) ».

Désigne l'ensemble de l'être créé : la nature éternelle et la nature extérieure.

---

[441] Jacob Böhme, *Epistolae Theosophicae*, chapitre 12, § 8.

- Nature (éternelle).

Voir « Signature », « Création », « Formes (les sept) », et « Principes (les sept) ».

Désigne le lieu des sept formes, et se pose comme l'intermédiaire entre Dieu et la nature extérieure. Il s'agit du monde supra-sensible comme signature de Dieu.

- Nature (extérieure).

Voir « Signature », « Création », « Formes (les sept) », et « Principes (les sept) ».

Désigne l'être corporel comme résultat de l'éclatement de l'élément unique en quatre éléments. Cet éclatement est dû au désir, agissant sous l'impulsion de la volonté. Elle est la signature de la nature éternelle._Elle peut être également considérée comme l'un des sept principes.

- Néant (*Ungrund*).

Voir « Liberté » et « Formes (les sept) ».

Il s'agit du « sans-fond », en dehors de toute nature, qui ne contient rien qui puisse créer quelque chose. Cet *Ungrund* désigne bien ce Dieu sans commencement[442], ou bien encore l'éternité sans commencement[443]. Le Néant est « *(...) l'oeil de l'éternité, un oeil infini qui n'est nulle part et qui ne voit rien, car il est lui-même l'Infini ou le Néant,* Ungrund. »[444] Il n'y a rien en dehors de la nature, que le *Néant*, c'est-à-dire « *(...) une éternité silencieuse et immobile.* »[445] Le Néant est « *l'oeil de l'éternité (...). Cet oeil est une volonté : le désir de Dieu de se révéler, d'appréhender ce Néant.* »[446]

Le Néant se pose comme un principe de Dieu, jusqu'à s'identifier à lui-même. Dans tout ce qu'elle englobe, « *(...) la*

[442] Jacob Böhme, *De signatura rerum*, chapitre 3, § 6.
[443] Jacob Böhme, *De signatura rerum*, chapitre 3, § 12.
[444] Jacob Böhme, *De signatura rerum*, chapitre 3, § 2.
[445] Jacob Böhme, *De signatura rerum*, chapitre 2, § 7.
[446] Jacob Böhme, *De signatura rerum*, chapitre 3, § 2.

vie divine (...) est immuable, car elle est fondée dans la pureté du Néant. »[447] C'est à partir de Dieu lui-même, par sa *volonté éternelle*, que s'opère l'entrée du « Rien » dans « Quelque chose » [448] : en effet « *Dieu a tiré toutes choses du Néant, or Dieu est lui-même ce Néant.* »[449] La création est la chair de la rupture de Dieu avec lui-même. C'est en ce sens que Böhme n'hésite pas à poser le Néant au commencement et au terme de la création.[450] Mais cela ne veut pas dire que le Néant soit une « absence » : la finalité du Néant est de se révéler[451] et « *(...) se révéler dans le rayonnement de la force divine et dans la lumière.* »[452]

En fait, le Néant est la « *(...) liberté de Dieu manifestée dans les ténèbres.* »[453] Cette identification entre Néant et liberté s'impose car cette dernière « *(...) existe avant la nature et hors d'elle.* »[454] Cependant « *(...) la liberté ne veut pas être rien. Elle désire la nature pour se manifester dans la force de Dieu, dans ses prodiges, dans un corps.* »[455] La liberté « *(...) est la figure du Néant devenu sensible.* »[456] La liberté « *(...) dont le nom est Dieu* »[457], s'identifie au Néant, elle « *(...) est le Néant* »[458].

Quant à l'homme, par l'anéantissement de sa volonté en Dieu, il peut faire l'expérience du Néant. Il s'agit de l'expérience de la mort, mais de la mort en Dieu, par la mort de la « colère » de Dieu, au nom de l'« amour » de Dieu. Par la mort de Dieu, c'est-à-dire par la mort du Christ, le moi de l'homme « *(...) s'abîmera dans le Néant. Soumis à la volonté divine, il sera un instrument parfaitement docile dans la main de Dieu.* »[459] Et c'est cela l'expérience de la vie vraie : l'homme

[447] Jacob Böhme, *De signatura rerum*, chapitre 11, § 37.
[448] Jacob Böhme, *De signatura rerum*, chapitre 2, § 7.
[449] Jacob Böhme, *De signatura rerum*, chapitre 6, § 8.
[450] Jacob Böhme, *De signatura rerum*, chapitre 9, § 70.
[451] Jacob Böhme, *De signatura rerum*, chapitre 12, § 21.
[452] Jacob Böhme, *De signatura* rerum, chapitre 13, §17.
[453] Jacob Böhme, *De signatura rerum*, chapitre 12, § 21.
[454] Jacob Böhme, *De signatura rerum*, chapitre 14, § 22.
[455] Jacob Böhme, *De signatura rerum*, chapitre 14, § 23.
[456] Jacob Böhme, *De signatura rerum*, chapitre 9, § 12.
[457] Jacob Böhme, *De signatura rerum*, chapitre 14, § 24.
[458] Jacob Böhme, *De signatura rerum*, chapitre 14, § 27.
[459] Jacob Böhme, *De signatura rerum*, chapitre 12, § 16.

est bercé par le Dieu d'amour, et non par celui de la colère. Mais cette expérience est une non-expérience, car rien ne peut plus émouvoir l'homme : dans ce Néant, il n'est plus rien, il n'existe plus parce qu'il appartient à Dieu. Dans le Néant, l'homme n'a plus rien à savoir, ni de lui-même, ni de rien d'autre que de lui-même. Seul Dieu sait si l'homme y représente encore quelque chose.[460]

- Nitre (Sel de).

Voir « Sel ».

Il s'agit de l'une des manifestations du Sel.

- Panthéisme (refus du).

Voir « Dieu ».

Il nous faut partir de l'idée que la nature éternelle, comme création, est le corps, ou l'image de Dieu. Mais la nature extérieure, nous l'avons déjà dit, n'est pas le corps de Dieu. En effet, « *Dieu est esprit (...). La nature est son corps, entendez la nature éternelle. Quant à la nature extérieure, celle du monde visible, du monde sensible, elle est la figure et l'émanation des deux principes du mal et du bien (...).* »[461]

Expliciter le système de la nature selon Böhme suppose une stricte distinction entre celle-ci et Dieu. Böhme récuse toute accusation de panthéisme : « *Réfléchis et abstiens-toi de me blâmer. Je ne dis pas que la nature soit Dieu.* » [462] Si le monde extérieur était le corps de Dieu, Dieu serait imperfection.[463]

Cela dit, Dieu est bien créateur de ce monde. Dieu est libre, il n'a pas créé ce monde par besoin, ni par nécessité d'aiguiser sa propre perfection[464], mais « *(...) bien pour se révéler dans*

---

[460] Jacob Böhme, *De signatura rerum*, chapitre 9, § 59.
[461] Jacob Böhme, *De signatura rerum*, chapitre 3, § 7.
[462] Jacob Böhme, *De signatura rerum*, chapitre 8, § 46.
[463] Alexandre Koyré, *La philosophie de Jacob Böhme*, page 417, ligne 5 et suite.
[464] Alexandre Koyré, *La philosophie de Jacob Böhme*, page 417, ligne 6 et suite.

l'épanouissement de sa joie et dans le resplendissement de sa gloire. Non pas que la joie de Dieu n'ait pas existé auparavant! La joie régnait de toute éternité dans le grand mystère. Cependant elle ne rayonnait que dans le jeu des pensées divines. La création est né de ce jeu. Elle est l'instrument conçu par l'Esprit pour le plaisir du jeu. Elle est un concert formé d'innombrables voix toutes accordés pour une même célébration. »[465]

- Philosophe.

Voir « Alchimiste » et « Mercure ».

Désigne l'alchimiste.

- *Phur*.

Voir « Soufre ».

Seconde particule du Soufre (*Sul-phur*).

- Planètes (les sept).

Développement effectué sous « Qualités (les sept) ».

Voir aussi « Alchimie », « Création », et « Formes (les sept) ».

La conception böhmienne de l'univers est très restreinte et conforme à son époque et à son lieu de vie. Il y a sept planètes autour de la Terre (un géocentrisme qui ignore l'héliocentrisme de Copernic et de Galilée) : Vénus, Mars, Jupiter, Saturne, Mercure, Lune, Soleil.

[465] Jacob Böhme, *De signatura rerum*, chapitre 16, § 2.

- Plantes.

Voir « Signatures » et « Créations ».

- Principes (les sept).

Voir « Liberté » et « Élément (unique, ou simple, ou Saint) ».

Selon Ernst Bloch, chaque esprit, ou chaque forme, sont ceux de la nature, en corrélation toujours avec les sept planètes. Ce sont à la fois des corps et des esprits. Ils sont indissociables.

C'est en ce sens que chaque esprit, ou chaque forme, correspond à chacun des sept principes, le premier engendrant le second, etc.

Le premier principe correspond aux ténèbres (Saturne = corps ténébreux). Le second principe correspond à la lumière (Mercure). Le troisième principe correspond à notre monde (Mars). Le quatrième principe correspond au jaillissement de la lumière (Soleil). Le cinquième principe correspond à l'amour (Vénus). Le sixième principe correspond à l'Intelligence (Jupiter) et au Verbe céleste (Mercure). Et enfin, le septième principe correspond au Corps de lumière de l'âme éternelle, qui réunit tous les autres principes. Il s'agit du Saint élément ou de l'élément unique (Saturne = corps de lumière).

- Principes (les trois) : esprit, amour, matière.

Dans la plénitude de l'éternité, Dieu, dans la rupture du moment, effectue la structure, dans l'altérité, de trois principes : « *La vie qui jaillit à la source de la nature est triple. Selon le premier principe, elle est esprit. Selon le second principe, elle est l'amour. Enfin, le troisième principe est à l'origine de la matière. Notre nature est le troisième principe, qui est lui-même triple. Ses trois formes sont le soufre, le Mercure et le Sel.* »[466]

[466] Jacob Böhme, *De signatura rerum*, chapitre 2, § 11.

- Principes (les trois) : Univers, Enfer, Paradis.

Ils n'apparaissent pas explicitement dans la *De signatura rerum*, mais plutôt dans certaines oeuvres antérieures. Il s'agit d'une répartition traditionnelle. Böhme parle également parfois de « trois mondes ».

- Principes (les trois) : Père, Fils, Saint-Esprit.

Ils n'apparaissent pas explicitement dans la *De signatura rerum*, mais plutôt dans certaines oeuvres antérieures. La Trinité est parfois nommée ainsi.

- Principes (les trois) : Soufre, Mercure, Sel.

Voir « Soufre », « Mercure » et « Sel ».

- Qualités (les sept), métaux (les sept), planètes (les sept).

Voir « Sel », « Formes (les sept) », et « Esprit (sidéral) ».

Dans le texte[467], Böhme nous expose les « *(...) sept formes principales dans la nature éternelle et dans la nature extérieure émanée d'elle.* »[468], correspondant aux sept qualités et aux noms des sept planètes.

La confusion est ici totale : nous ne savons pas si nous sommes dans la nature éternelle ou bien dans la nature extérieure, car nous ne savons pas s'il s'agit seulement des noms des planètes (c'est cela qu'il dit) et donc leurs symboles respectifs, où s'il s'agit également des planètes elles-mêmes, comme manifestations des formes : dans ce cas, les six premières formes ont aussi à voir avec le monde extérieur (n'oublions pas, que pour Böhme, « *Les astres sont issus également de la matrice originelle.* »[469]).

---

[467] Jacob Böhme, *De signatura rerum*, chapitre 9, du § 8 au § 24.
[468] Jacob Böhme, *De signatura rerum*, chapitre 9, § 8.
[469] Jacob Böhme, *De signatura rerum*, chapitre 4, § 3.

Et enfin, nous ne comprenons pas la curieuse confusion qu'opère Böhme entre les qualités, les formes, et les esprits. Et en ce sens, quel est alors le rôle exact de ces sept qualités? Böhme nous explique qu'elles « *(...) concourent pour l'engendrement de tous les êtres.* »[470]. Ne s'agit-il pas là encore d'un signe que toutes les formes participent à la corporification?

C'est Alexandre Koyré qui nous dit clairement ce que sont exactement ces sept qualités : « *Les qualités (...) sont les forces vitales constitutives et constitutrices du corps divin et productrices de l'Univers et de ses créatures. (...).* [Les Qualités] *(...) sont là pour former la base de la vie organique, qui seule permet – en Dieu comme dans les créatures – à la vie spirituelle de se constituer et de se réaliser. Elles sont là aussi pour former les expressions de Dieu et donner à l'esprit (...) ce centre organique de création et de production sans lequel il serait éternellement impuissant et incapable d'agir et de produire.* [Les Qualités] *(...) sont là encore pour résoudre le grand problème du mal et pour expliquer les conséquences physiques d'un acte moral.* »[471]

Les « *(...) sept formes, ou qualités (...)* »[472], parfois appelées « esprits »[473], sont en rapports avec les planètes et les métaux, dans leurs diverses apparitions dans la *De signatura rerum*.

Notons également que les sept planètes correspondent aux sept *métaux*. Pour Böhme, « *Sous la terre, il y a sept métaux fixes. Au firmament, il y a sept planètes dont la qualité est fixe. Les métaux non fixes sont des* mineralia minora, *comme les étoiles qui n'ont pas la qualité des planètes. Toutes choses naissent selon l'image de la roue planétaire.* »[474] (mais nous ne savons pas si l'ordre d'exposition posé (ci-dessous) peut être figurée dans le même ordre d'exposition que les références des

[470] Jacob Böhme, *De signatura rerum*, chapitre 9, §8.
[471] Alexandre Koyré, *La philosophie de Jacob Böhme*, pages 130 et 131.
[472] Jacob Böhme, *De signatura rerum*, chapitre 9, § 9.
[473] Jacob Böhme, *De signatura rerum*, chapitre 9, § 18.
[474] Jacob Böhme, *De signatura rerum*, chapitre 4, § 16.

sept formes. La détermination de ces planètes est là aussi très confuse. On ne sait jamais si la caractéristique d'une planète est définitive ou si Böhme n'exprime pas parfois un moment précis d'une planète en son rapport à telle ou telle détermination ou situation.

Il semble pourtant que l'on puisse poser les faits suivants : Saturne, Mercure (la planète) et Mars, sont issus du principe Soufre, plus précisément, de la particule *phur* du Soufre[475]. Puis, par sa propre faim, la planète Mercure enfante Jupiter, Vénus, et la Lune[476]. Et enfin, la planète Saturne engendre le Soleil[477]. Il faut être attentif à ne pas confondre la planète Mercure et le principe Mercure. Il s'agit là d'un même nom pour deux choses qui n'ont rien à voir l'une avec l'autre.

Quant aux métaux, ils ont à voir avec le mouvement de rotation des planètes, exprimant par là le passage du métal le plus vil au plus pur, et inversement. En effet, « *Ce qui est en bas est comme ce qui est en haut.* »[478] Et c'est la planète Mercure qui « *(...) fait tourner la roue.* »[479] Mais, même s'il est possible de poser une identification de chaque métal à chaque planète, toutes les combinaisons planètes-métaux sont possibles : en effet, toutes les relations entre les planètes ont pour conséquence directe un certain nombre d'interactions par rapport aux métaux. Le moins que l'on puisse dire, c'est que le texte de Böhme est confus à ce sujet. Par ailleurs, selon Böhme, toute la perception du Christ est caractérisée par les sept planètes, correspondant aux « *sept royaumes de la mère* » [480] : nous ne nous y attardons pas ici.

---

475 Jacob Böhme, *De signatura rerum*, chapitre 4, § 20.
476 Jacob Böhme, *De signatura rerum*, chapitre 4, § 21.
477 Jacob Böhme, *De signatura rerum*, chapitre 4, § 23.
478 Jacob Böhme, *De signatura rerum*, chapitre 4, § 27.
479 Jacob Böhme, *De signatura rerum*, chapitre 4, § 25.
480 Jacob Böhme, *De signatura rerum*, chapitre 10, du § 65 au § 75, pour les six premiers. Il n'y a pas de trace du septième, à moins qu'il ne s'agisse de la Résurrection du Christ, plus loin dans le texte.

Voici la situation :

- La première forme correspond à Saturne, c'est-à-dire la « *(...) la force virile.* »[481], qui « *(...) représente la coagulation du désir.* »[482] Dans le Soufre, plus précisément dans *phur*, « *Le désir se concentre à l'extrême et il produit la qualité obscure de la matière terrestre. Et c'est la violence de l'esprit qui devient l'essence du feu. Saturne est l'effet de cette violence. Saturne matérialise le désir comprimé par sa propre violence.* »[483] Rajoutons que « *Par sa qualité propre, Saturne est le plomb (...).* »[484]

- La seconde forme correspond à Jupiter, c'est-à-dire « *(...) l'Intelligence (...)* »[485], qui représente « *(...) l'esprit de liberté et d'amour émané de l'éternité pure (...).* »[486] À partir de la planète Mercure, Jupiter est « *(...) la béatitude archétype de la joie.* »[487] Rajoutons que « *Le métal de Jupiter est l'étain.* »[488]

- La troisième forme correspond à Mars, c'est-à-dire « *(...) la sensibilité (...)* »[489], qui représente « *(...) l'esprit du feu.* »[490] Dans le Soufre, plus précisément dans *phur*, Mars est « *(...) le forcené, le destructeur. Il est la rage de la faim. Mars est la cause de la colère.* »[491] Rajoutons que « *Le métal de Mars est le fer.* »[492]

- La quatrième forme correspond au Soleil, c'est-à-dire « *(...) la lumière de notre nature.* »[493] À partir de la planète

481 Jacob Böhme, *De signatura rerum*, chapitre 10, § 51.
482 Jacob Böhme, *De signatura rerum*, chapitre 9, § 9.
483 Jacob Böhme, *De signatura rerum*, chapitre 4, § 20.
484 Jacob Böhme, *De signatura rerum*, chapitre 4, § 23.
485 Jacob Böhme, *De signatura rerum*, chapitre 10, § 51.
486 Jacob Böhme, *De signatura rerum*, chapitre 9, § 9.
487 Jacob Böhme, *De signatura rerum*, chapitre 4, § 21.
488 Jacob Böhme, *De signatura rerum*, chapitre 4, § 29.
489 Jacob Böhme, *De signatura rerum*, chapitre 10, § 51.
490 Jacob Böhme, *De signatura rerum*, chapitre 9, § 11.
491 Jacob Böhme, *De signatura rerum*, chapitre 4, § 20.
492 Jacob Böhme, *De signatura rerum*, chapitre 4, § 37.
493 Jacob Böhme, *De signatura rerum*, chapitre 9, § 12.

Saturne, « *L'esprit est le Soleil,* Sol. »[494] Rajoutons que « *Le corps* [du Soleil] *est l'or.* »[495]

- La cinquième forme correspond à Vénus, c'est-à-dire « *(...) l'amour (...)* »[496], qui est « *(...) à l'origine de tous les corps ou plutôt de l'eau dans laquelle ils se forment.* »[497] A partir de la planète Mercure, Vénus désigne « *(...) le désir comme béatitude (...).* »[498] Rajoutons que « *Le métal de Vénus est le cuivre.* »[499]

- La sixième forme correspond à Mercure, c'est-à-dire « *(...) la vie du Soufre (...)* »[500], qui représente « *(...) la vie. Il sépare les formes et il est leur architecte dans l'amour comme dans l'angoisse.* »[501] Dans le Soufre, plus précisément dans *phur*, la planète Mercure est « *(...) la faim suscité par le désir.* »[502] Rajoutons que le métal de Mercure « *(...) est le vif-argent.* »[503]

- La septième forme correspond à la Lune, c'est-à-dire « *(...) le corps (...)* »[504], qui représente « *(...) le désir corporifié de toutes les formes. Elle renferme les six autres, elle est leur corps.* »[505] À partir de la planète Mercure, la Lune désigne « *(...) le corps de la béatitude.* »[506] Böhme ne le dit pas explicitement, mais la Lune correspond – semble-t-il – au métal « *argent* » [507]

On retrouve ici l'ambiguïté de la frontière entre la nature éternelle et la nature extérieure : comme précédemment, Böhme pose la septième forme seule comme celle de la nature extérieure, et pourtant, à la lecture du texte, les six autres, de

---

[494] Jacob Böhme, *De* signatura *rerum*, chapitre 4, § 23.
[495] Jacob Böhme, *De signatura rerum*, chapitre 4, § 23.
[496] Jacob Böhme, *De signatura* rerum, chapitre 10, § 51.
[497] Jacob Böhme, *De signatura rerum*, chapitre 9, § 14.
[498] Jacob Böhme, *De signatura rerum*, chapitre 4, § 21.
[499] Jacob Böhme, *De signatura rerum*, chapitre 4, § 35.
[500] Jacob Böhme, *De signatura rerum*, chapitre 10, § 51.
[501] Jacob Böhme, *De signatura rerum*, chapitre 9, § 18.
[502] Jacob Böhme, *De signatura rerum*, chapitre 4, § 20.
[503] Jacob Böhme, *De signatura rerum*, chapitre 4, § 32.
[504] Jacob Böhme, *De signatura rerum*, chapitre 10, § 51.
[505] Jacob Böhme, *De signatura rerum*, chapitre 9, § 24.
[506] Jacob Böhme, *De signatura rerum*, chapitre 4, § 21.
[507] Jacob Böhme, *De signatura rerum*, chapitre 4, § 27.

par leurs caractères respectifs, participent aussi à ce monde extérieur. Comment expliquer cette apparente contradiction?

Ensuite, notons que ces sept qualités ou formes n'ont rien à voir avec les sept qualités que nous livre Böhme dans l'*Aurora*[508] : le chaud, le froid, l'amère, la douceur, l'âcre, l'aigre, le salé. Et dans d'autres passages de la même œuvre [509] : l'âcre, la douceur, l'amertume, la chaleur (ou, selon : le feu), l'amour, le son, le corps.

Quant aux métaux, pour Böhme ils « *(...) ont un autre corps que les êtres animés. Ce corps n'est pas non plus de la terre ou de la pierre.* »[510] Une chose nous paraît curieuse : en effet, Böhme ne respecte pas l'ordre traditionnel des métaux dans leur graduation, du plus vil au plus pur (cependant qu'il respecte les correspondances traditionnelles entre planètes et métaux). En effet, Böhme pose que les sept métaux nommés sont fixes[511], c'est-à-dire, semble-t-il inaltérables et parfaits, or la tradition alchimique et astrologique pose cinq métaux imparfaits et deux métaux parfaits.

Voici les cinq métaux imparfaits, c'est-à-dire altérables, du plus vil au moins vil : Cuivre (Vénus), Fer (Mars), Etain (Jupiter), Plomb (Saturne), et Vif-argent (parfois appelé Mercure) (la planète Mercure). Voici les deux métaux parfaits, c'est-à-dire inaltérables : argent (Lune), Or (Soleil). Comme pour Böhme, il y a interaction entre alchimie et astrologie en raison de cette influence planétaire sur la formation des métaux au sein de la Terre. La transmutation des métaux s'opère ainsi dans le sein de la Terre, grâce aux planètes.[512]

---

[508] Jacob Böhme, *Aurora*, chapitre II, § 1 et suite.
[509] Jacob Böhme, *Aurora*, chapitre 8, § 6, 21, 26, 33, 92, chapitre 10, § 1 et suite, chapitre 11, § 1 et suite, et chapitre 22, § 94.
[510] Jacob Böhme, *De signatura rerum*, chapitre 3, § 31.
[511] Jacob Böhme, *De signatura rerum*, chapitre 4, § 16.
[512] Serge Hutin, *L'alchimie*, § 4, de la page 74 à la page 77.

- Raison.

Alexandre Koyré note : « *Le Père est la raison, raison dans le sens de* Verstand, *non dans celui de* ratio. »[513]

- Révélation (de Dieu).

Développement effectué sous « Création » et « Signature ».

C'est par la Création que Dieu se révèle. C'est encore par la mort du Christ qu'il se révèle.

- Royaumes de la mère (les sept) ou la Mère (universelle).

Voir « Mère (universelle) », « Qualités (les sept) » et « Formes (les sept) ».

- Sel.

Voir « Principes (les trois) », « Formes (les trois) », « Soufre », et « Mercure ».

Le Sel (ou *Sal*) est la troisième des trois formes du troisième principe.

1. Le bilan.

Le Sel est également soumis aux règles de la dialectique. En effet, au moment de l'acte opératoire du *fiat*, deux Sels se forment : le Sel se pose alors selon le mode de la matière et selon le mode de l'esprit. Cependant, ce mode de l'esprit n'est pas un principe dominant.

Selon le mode de l'esprit, le Sel divise l'esprit de Dieu qui enflamme la béatitude et la liberté : il divise l'unique force divine, et en incarne les saveurs et les vertus.

Selon le mode de la matière, le Sel se pose comme le résultat du désir, c'est-à-dire la corporéité, ou la matérialité des choses : il donne la consistance aux corps. Cette aptitude à l'extériorité

---

[513] Alexandre Koyré, *La philosophie de Jacob Böhme*, page 191, à partir de la ligne 6.

provoque simultanément une inclination du Sel a se poser comme le corps de l'âpreté, ou comme le corps de l'angoisse. L'angoisse, c'est-à-dire la racine du feu, un appétit, une grande peur.

Le Sel est enfant du Mercure et du Souffre. Il est d'ailleurs rattaché à eux. Il en est même indissociable : Böhme pose une stricte identité entre le Sel et le Soufre. Mais, curieusement, il lui arrive aussi de nier cette même identité. Cette contradiction est ici irrésolue.

Autres caractères du Sel :

- Il est une puissance de mort, la cause de la souffrance.
- Il se divise en trois types, correspondant à trois planètes, et portant leurs noms : Jupiter, Mars, Mercure.
- Il est structuré par une infinité de qualités. Par exemple, celles du froid et du chaud.
- Lorsqu'il est nommé spécifiquement Sel de nitre, il faut y entendre là une matrice de tous les Sels, une eau mère. Le Sel de nitre se trouve dans tous les êtres de la nature extérieure, il en est la racine. C'est le Sel de nitre qui a provoqué l'éclatement de l'élément en quatre éléments (l'air, la terre, l'eau, le feu).

2. Les références.

Elles sont difficiles à établir par thèmes, car la notion de Sel est souvent rattachée aux deux autres formes du troisième principe.

Le Sel et la dialectique : Böhme souligne qu' « *Il y a bon nombre de Sels. (...). Au moment de la coagulation du désir opérée par le Verbe créateur, le* fiat, *deux Sels se forment. Le premier est le Sel selon l'Esprit de Dieu. C'est lui qui enflamme la béatitude et la liberté. C'est lui qui divise l'unique force divine en une multitude de vertus et il en est la saveur. Le deuxième Sel est la force de l'âpreté. Il est l'angoisse dans le Soufre, avivée par la contraction du désir. Sa matière, muette et sans vie, est l'eau. Par contre, la qualité sulfureuse produite par l'angoisse est la vie du Sel. (...). Cependant le Soufre n'est pas le Sel.* »[514]

Le Sel, enfant du Mercure et du Soufre : pour Böhme, « *Le monde extérieur demande le Soufre,* sul-phur, *le Mercure et le Sel. Il a faim de sa propre substance, il se rassasie de lui-même.* Sul *désire* phur *et* phur *le Mercure. Le Soufre et Mercure désirent le Sel. Ce fils né de leur désir devient leur demeure en même temps que leur nourriture.* »[515]

Le Sel, la corporification, l'angoisse, et la mort : pour Böhme, « *Au niveau du troisième principe, qui est le monde extérieur, l'angoisse s'appelle le Sel. Ce nom se rapporte à sa matière, mais elle est aussi un esprit qui recouvre de nombreuses formes. L'angoisse est la racine du feu. Elle est la grande peur. (...). Elle est la corporéité ou la matérialité des choses. Elle a la qualité du Soufre,* sulphur. *Selon Mercure, elle est l'éclair. Puissance de mort, elle cause la souffrance. Cette qualité lui vient de l'âpreté et de sa violente force contractive.* »[516] En fait, « *L'angoisse, qui est l'esprit du Sel, est un appétit.* »[517] Et Böhme rajoute que « *Le Sel est la force de l'âpreté dans le Souffre. Il donne un corps à l'angoisse. Le Sel habite donc le Soufre, il en est l'acerbité. C'est lui qui maintient le Soufre dans la fixité du corps, il empêche l'esprit du Soufre de se volatiliser. Le Sel coagule les forces de l'angoisse et la vie qui en émane est la vie mercurielle.* »[518]

Le Sel, la corporification et la dimension qualitative : Böhme pose que « *Chaque désir demande à se corporifier par le Sel, chacun selon sa qualité propre. Le Sel recouvre une infinité de qualités. Il est l'intensité du froid et du chaud. Il est le Soufre. Il est le Sel de nitre,* salniter, *à cause du Mercure.* »[519] Et Böhme rajoute qu' « *En ce monde, c'est le Soufre qui régit*

[514] Jacob Böhme, *De signatura rerum*, chapitre 6, § 14.
[515] Jacob Böhme, *De signatura rerum*, chapitre 2, § 31.
[516] Jacob Böhme, *De signatura rerum*, chapitre 2, § 24.
[517] Jacob Böhme, *De signatura rerum*, chapitre 2, § 27.
[518] Jacob Böhme, *De signatura rerum*, chapitre 6, § 15.
[519] Jacob Böhme, *De signatura rerum*, chapitre 2, § 31.

toute croissance et toute vie. Le Mercure est la vie du Soufre. Le Sel corporifie l'appétit du Mercure. Les corps se différencient suivant la qualité du Soufre et du Sel. »[520] En fait, « *Elle* [l'Intelligence] *(...) enseigne que toutes choses naissent dans le corps du Soufre, que le Mercure est la vie du Soufre, que c'est le Sel qui donne sa consistance au corps, qui l'empêche de se dissoudre, que c'est grâce au Sel que l'Esprit peut être appréhendé dans une réalité sensible.* »[521] De même, « *Lorsque le feu s'allume, les Sels et les forces apparaissent en grand nombre. Toutes les qualités qui n'existaient qu'en esprit, se sont corporifiées. Elles sont devenues des réalités tangibles grâce à l'ébranlement qui s'est produit au sein de l'Être des êtres.* »[522] Böhme insiste sur cette notion de corporification : « *Le Sel est lui-même le principe de conservation et de coagulation des corps.* »[523] Il insiste également sur la notion de *qualité* : « *L'esprit du Sel différencie les qualités dans le feu.* »[524]

Les trois types de Sels : Pour Böhme, « *Les trois Sels principaux qui entrent dans les remèdes, et dont la vie végétative a besoin, portent les noms de Jupiter, de Mars et de Mercure. Ils représentent la vie dans toutes ses opérations. Le Soleil est par excellence l'Esprit qui les rend actifs.* »[525]

Le Sel de nitre : Böhme souligne la notion d'« eau mère ». Ainsi, « *Cette eau mère est le Sel de nitre, matrice de tous les Sels. Cette matrice se trouve dans tous les êtres animés, dans tous les végétaux, les plantes, les arbres, dans toutes choses. Elle est la racine de chacune, elle lui donne le goût et l'odeur de sa qualité spécifique. (...). La substance formée lorsque meurt le feu, est le Sel de l'eau, qui est à l'épreuve du feu. Sa qualité est la force cohésive de la nature originelle que les Sages appellent Saturne. Le Sel renferme bien des*

---

[520] Jacob Böhme, *De signatura rerum*, chapitre 6, § 19.
[521] Jacob Böhme, *De signatura rerum*, chapitre 8, § 4.
[522] Jacob Böhme, *De signatura rerum*, chapitre 14, § 39.
[523] Jacob Böhme, *De signatura rerum*, chapitre 14, § 44.
[524] Jacob Böhme, *De signatura rerum*, chapitre 14, § 43.
[525] Jacob Böhme, *De signatura rerum*, chapitre 9, § 49. Les § 50 et 51 en font une description détaillée.

mystères. »[526] Böhme rajoute que « *Les trois principes de toutes choses sont le Soufre, Mercure, et le Sel. L'éclatement provoqué par le Sel de nitre partage l'élément unique en quatre éléments : le feu, l'air, l'eau et la terre.* »[527]

- Sens (les cinq).

Voir « Formes (les sept) ».

- Sensibilité.

Voir « Formes (les sept) ».

- Séparation.

Voir « Mercure ».

- Signature.[528]

Voir « Formes (les sept) ».

Böhme utilise peu souvent le terme même de signature[529], alors même qu'il est l'un des concepts centraux de l'oeuvre. C'est à travers d'autres concepts, dépendants, que se déploie la signature : en particulier les notions de « nature » et de « divin ».

1. Signature et nature.

Pour saisir le concept de signature, il faut en déconstruire les différents niveaux de perception et de compréhension. L'appareil du système de la signature est double.

[526] Jacob Böhme, *De signatura rerum*, chapitre 14, § 41.
[527] Jacob Böhme, *De signatura rerum*, chapitre 14, § 45.
[528] Michel Foucault, *Les mots et les choses – une archéologie des sciences humaines*, à partir de la page 32. Foucault y effectue un très intéressant développement sur les « signatures ».
[529] Jacob Böhme, *De signatura rerum*, chapitre 1, § de 1 à 17, chapitre 8, § 20, 26, 38, 39 et 40, chapitre 9, § 4, 7, chapitre 10, § 45, et chapitre 13, § 1.

Böhme pose que « *(...) toute chose porte une signature.* »[530], c'est-à-dire qu'elle porte la marque, l'empreinte, la trace d'une altérité modèle.

Quelles sont ces choses ? Il y a d'abord la nature terrestre et visible, c'est-à-dire le monde extérieur, celui de l'apparence, de la matière et de ses lois. La nature extérieure est la signature de la nature astrale et invisible, que Böhme désigne parfois aussi comme la nature divine. La nature astrale est le modèle de la nature extérieure. Ensuite, en second lieu, cette nature astrale et invisible est elle-même la signature de Dieu. Dieu est le modèle de la nature astrale. Ainsi, « *La nature divine est la signature du Dieu qu'elle révèle.* »[531].

Essayons d'être clair : l'univers terrestre, dans sa participation au devenir, c'est-à-dire à la temporalité, est donc composé d'une partie visible (terrestre), et d'une partie invisible (astrale, divine, etc.), qui échappe au devenir, c'est-à-dire à la temporalité. L'univers astral est enchâssé dans l'univers terrestre. Ils affirment tous deux la signature de Dieu. La signature est donc systématiquement structurée par un modèle, ce modèle est la nature du divin et l'homme a pour tâche d'en effectuer la quête, celle du divin, par la détermination de la signature : la détermination du modèle divin autorise alors une véritable révélation de la signature.

2. Signature et dialectique.

La notion de signature est en relation avec la notion de dialectique : toute chose a, en elle, son contraire. Dans l'homme, faire apparaître un aspect de sa personne, ou son contraire, est déterminé par « *(...) ses discours, sa volonté, ses moeurs, mais aussi bien par la forme de ses membres sans l'usage desquels il ne pourrait produire cette image.* »[532] Il en est donc de même de son apparence, car une figure qui se trouve au-dedans de l'homme, se manifeste dans son extériorité.

---

530 Jacob Böhme, *De signatura rerum*, chapitre 9, § 7.
531 Pierre Deghaye, extrait de l'introduction à la *De signatura rerum*, page 17.
532 Jacob Böhme, *De signatura rerum*, chapitre 1, § 11.

Ainsi, « *(...) le bien se change en mal et le mal en bien. Telle que toute chose est au-dedans, sous l'emprise d'une qualité dominante, telle elle reproduit sa figure au-dehors. (...). Toute chose présente au-dehors la signature de ce qu'elle est au-dedans.* »[533] C'est-à-dire que toute chose créée manifeste (extériorise) son intériorité : l'intériorité travaille pour se révéler. Dieu lui-même, pour se révéler, a exprimé son intériorité, une image de lui-même : cette manifestation, comme signature, est la création. Dieu a fondé la dialectique en lui-même : lui-même est sa manifestation.

Tout ceci, Böhme nous le rappelle souvent : « *De toutes les choses de la nature, créées ou engendrées, il n'en est aucune qui ne manifeste extérieurement sa forme intérieure, car toujours ce qui est dedans travaille pour se révéler.*[534] Et plus loin : « *Ainsi toute chose présente la signature qui révèle la qualité intérieure dont elle émane.* »[535]

3. Signature et révélation de Dieu : l'exemple des plantes.

C'est donc bien par le fait de la dialectique, comme manifestation, comme révélation, que « *(...) l'Être éternel a engendré dans le désir une image de lui-même pour s'y révéler, se manifestant ainsi dans d'innombrables figures que représentent les étoiles, les arbres, les plantes.* »[536] Il en est de même pour les couleurs dans les plantes : « *Ces couleurs sont des signatures. Elles révèlent les formes qui sont à l'oeuvre dans l'essence du végétal.* »[537] Et plus loin : « *La signature du ciel apparaît sur le calice des fleurs et ce sont les feuilles qui portent la signature de la terre.* »[538]

Böhme, en prenant l'exemple de la plante, établit une distinction entre *signature* et *figure*, car il utilise les deux

---

[533] Jacob Böhme, *De signatura rerum*, chapitre 1, § 11.
[534] Jacob Böhme, *De signatura rerum*, chapitre 1, § 15.
[535] Jacob Böhme, *De signatura rerum*, chapitre 9, § 4.
[536] Jacob Böhme, *De signatura rerum*, chapitre 1, § 15.
[537] Jacob Böhme, *De signatura rerum*, chapitre 8, §20.
[538] Jacob Böhme, *De signatura rerum*, chapitre 8, §26.

termes : « *La signature permet de connaître la racine telle qu'elle est dans la terre. La figure de la plante indique son utilité.* »[539]

4. Signature, son, et esprit.

En ce qui concerne l'homme, signature et son sont liés. En effet, c'est le son qui fait porter la signature de l'esprit d'une personne à une autre, l'esprit y portant son empreinte, c'est-à-dire la signature : le son est le vecteur qui autorise une empreinte de l'esprit de l'altérité humaine, en l'individu. Ou, autrement dit : le son est le vecteur qui autorise l'empreinte de l'esprit dans une âme humaine : « *C'est par le son ou le verbe que la figure d'une âme s'imprime dans une autre. (...). C'est par le son que l'esprit compose sa figure conçue dans l'essence et modelée dans le principe.* »[540] Pour Böhme, une même idée, une même volonté, un même esprit, une même intelligence, sont tous le résultat de l'empreinte d'une figure de l'esprit d'un individu dans la figure d'un autre individu.

En l'homme, la signature est donc l'habitacle, c'est-à-dire l'empreinte, de l'esprit. La signature, ou la figure, est révélée par l'homme (lui-même esprit de la volonté) : c'est lui qui, par la volonté, opère la manifestation, la révélation de la signature. Mais, comme nous venons de le souligner, « *(...) la signature ou la figure ne sont pas l'esprit lui-même, mais seulement son habitacle. La signature se situe au niveau de l'essence.* » C'est à partir de là, que Böhme utilise la métaphore du luth : la signature « *(...) est comme un luth qui serait silencieux, en elle-même elle est muette et inintelligible.* » L'homme peut la faire vibrer, pour y faire apparaître « *(...) la figure, la forme, la composition, la tonalité.* »[541] : le musicien est l'esprit de la volonté, la corde du luth sera la qualité propre du musicien.

Ainsi, lorsque Böhme se penche sur les relations intersubjectives humaines, mais aussi sur les relations verticales

---

[539] Jacob Böhme, *De signatura rerum*, chapitre 8, §40.
[540] Jacob Böhme, *De signatura rerum*, chapitre 1, § 4.
[541] Jacob Böhme, *De signatura rerum*, chapitre 1, § 5.

entre les hommes et Dieu, il est en mesure de poser que tout discours venu d'un individu extérieur, imprégné de ce qu'il appelle l'« esprit », peut alors, à partir de là, susciter la compréhension de l'altérité humaine, car dans cette situation, l'homme est imprégné de Dieu : être imprégné de l'esprit, c'est être imprégné de la vérité de Dieu ; l'homme, au-delà de la nature, est donc aussi, et surtout, l'être de la manifestation du divin ; le divin se révèle par l'homme. Böhme en explique la condition nécessaire : l'esprit, dans la personne extérieure, rayonne, et fait rayonner la figure de cette même personne extérieure, c'est-à-dire de ce qui se donne à voir.

Car il y a bien communion entre signature et esprit. C'est dans l'esprit des choses qu'apparaît la signature : c'est dans l'apparence (la signature) que l'on discerne l'esprit caché. Dans la nature, chaque chose a une essence, une nature, et un langage (selon son essence et sa nature). L'essence donne le verbe. Dans l'essence, il y a un *fiat* : ce *fiat* forme la qualité. La qualité est le son (pour les êtres vivants), et est l'odeur, le verbe, la figure (pour le reste de la création). Ainsi, « *C'est pourquoi l'esprit des choses réside essentiellement dans la signature. (...) l'homme s'y connaît lui-même, (...) elle lui donne la connaissance de Dieu. En effet, c'est en observant l'apparence des créatures (...) qu'on discerne l'esprit caché. La nature a doué toute chose de langage suivant son essence et sa figure. C'est de l'essence que vient le verbe, et dans toute essence un fiat forme une qualité.* »[542]

5. Signature et Dieu.

Une compréhension de la signature est donc indissociable d'une compréhension de Dieu[543], or la réelle compréhension de Dieu ne peut se faire que lorsque l'on est imprégné de l'esprit. Dieu lui-même, par l'esprit, est révélation à travers sa création, c'est-à-dire, nous l'avons déjà dit, que la nature est signature de Dieu : il est révélation dans ce qu'il a créé.

[542] Jacob Böhme, *De signatura rerum*, chapitre 1, § 16.
[543] Jacob Böhme, *De signatura rerum*, chapitre 1, §2.

Mais Böhme nous met en garde : entreprendre un discours sur Dieu ne nous donne pas de réelle compréhension de Dieu. Un individu qui parle, enseigne, ou encore écrit, sur Dieu, ne peut m'en donner qu'une approche extérieure, fausse et futile. C'est ainsi qu'il m'est possible d'entendre ou lire des choses concernant Dieu, mais je n'en aurai jamais la connaissance réelle, car je n'ai qu'une compréhension intellectuelle de ces choses.

C'est à travers cette curieuse union entre la signature et le son, en son rapport à l'homme, c'est-à-dire en son rapport à l'équilibre entre l'esprit et le corps, qu'il est évident, pour Böhme, que seule la notion de signature peut donner du sens à tout discours concernant la figure de Dieu. La seule véritable foi, mais aussi la seule véritable connaissance de Dieu, ne peuvent être considérées qu'à travers la réalisation suivante : c'est l'esprit qui révèle la signature à l'homme. Cette révélation de la signature qu'opère l'esprit dans l'homme, est une description de l'esprit comme de ce qui, d'une part, émane de l'essence, c'est-à-dire un principe qui « *(...) est une substance et (...) appelle une substance.* »[544], et d'autre part, pénètre *le principe*. C'est au cours de cette opération, que « *(...) l'esprit se manifeste par la voix qui forme le son.* »[545]

Dieu est bel et bien le modèle de la signature dans l'âme humaine. L'homme, nous l'avons déjà dit, en révèle la réalité effective : rappelons-le, Böhme pose que dans l'âme humaine, le modèle de la signature est l'« Être des êtres », c'est-à-dire Dieu. De même, le musicien, c'est-à-dire le maître, celui qui fait vibrer la corde, est « *(...) l'Esprit de vérité qui manifeste la puissance du Très-Haut.* » Dès que l'esprit est là, et lorsqu'il agit dans l'âme de l'homme, le luth sonne. Il est *l'image de l'homme*, de même que « *La musique de l'homme est dans la parole sortie de sa bouche.* » : cette musique « *(...) est écrite au moment où l'enfant est formé dans le sein de sa mère. Elle est*

---

[544] Jacob Böhme, *De signatura rerum*,chapitre 2, § 5.
[545] Jacob Böhme, *De signatura rerum*, chapitre 1, §1.

sa vérité. » Cette même musique est l'expression de l'intériorité de l'homme : « *L'intérieur de l'homme se révèle par la musique de sa parole. C'est ainsi que l'âme se connaît elle-même.* »[546]

6. Récapitulation.

La grande particularité de la *De signatura rerum*[547] est donc de poser qu'une compréhension de Dieu, ainsi qu'une compréhension de la nature, est indissociable d'une compréhension de la notion de signature, concept central et fondamental. Pour Böhme, la signature est le seul moyen d'avoir une saisie de Dieu. Et seul l'esprit, par le son, autorise une révélation de la signature. Et l'esprit se révèle lui-même par le moyen du son[548] : l'esprit effectue, par le transport du son, la marque de la signature de Dieu en l'homme. C'est ainsi que l'homme est à même de comprendre Dieu. En effet, Böhme refuse la saisie extérieure et intellectuelle de Dieu, parce qu'elle ne dit rien de Dieu : il s'agit d'un chemin impossible et vain. Mais au contraire, le son, révélateur de l'esprit, est le moyen de marquer la signature, ou la figure, de l'esprit en soi-même. C'est par l'intériorité qu'une saisie de Dieu est possible : être soi-même la signature de Dieu lui-même.

Mais attention, il faut le rappeler, « *(...) la signature ou la figure ne sont pas l'esprit lui-même, mais seulement son habitacle.* »[549] En effet, Böhme souligne fortement le principe divin, nommé l'Être des êtres, en tant que modèle de la signature[550], en utilisant la métaphore de l'instrument de musique : le luth est l'image de la signature, et l'esprit, en l'homme, est le musicien qui fait vibrer les cordes de l'instrument. Mais en ce sens, l'esprit, en l'homme toujours, n'est pas une notion qui se suffit à elle-même : elle est l'*Esprit de vérité* qui révèle Dieu par la signature. C'est pourquoi l'homme est l'image de Dieu, car, par l'esprit, donc par la

[546] Jacob Böhme, *De signatura rerum*, chapitre 1, §6.
[547] Jacob Böhme, *De signatura rerum*, chapitre 1, § 1 et 2.
[548] Jacob Böhme, *De signatura rerum*, chapitre 1, § 1 à 6.
[549] Jacob Böhme, *De signatura rerum*, chapitre 1, § 5.
[550] Jacob Böhme, *De signatura rerum*, chapitre 1, § 6.

signature, il fait lui-même révélation de Dieu. Quant à la nature en général, elle est elle-même également signature.[551] Dieu a fait naître la nature comme sa propre révélation, de même que par son désir propre : elle est donc son image, et par là donc aussi, enseigne l'homme sur Dieu.

De ce fait, qu'est-ce que la signature ? Disons qu'elle désigne avant tout la marque de l'esprit dans le monde terrestre, la trace qu'il laisse. Böhme nous explique que « *Par lui-même, un corps est sans voix et sans vie. Il n'a été créé que pour manifester l'esprit qui l'habite. Il est la signature de l'esprit. Il est dans l'ordre des choses sensibles, visibles, ce que l'esprit est dans l'intelligible.* »[552]

- Son.

Voir « Signature », « Formes (les sept) », « Qualités (les sept) », et « Forces (les sept) ».

Le son est l'une des sept formes, ou l'une des sept forces. Selon Ernst Bloch, « *La lumière est suivie d'une (...) force fondamentale, le son qui – comme l'affirme Böhme – accompagne toujours la lumière. C'est peut-être l'évocation discrète de "l'harmonie des sphères", d'une consonance étrange qui ne se rencontre pas dans les relations normales entre le monde intérieur et le monde extérieur des hommes, consonance dont le début de la deuxième partie du "Faust" de Goethe nous apporte l'écho : « C'est dans un bruissement que naît, pour les oreilles de l'esprit, le jour nouveau...* » *ou bien : « Quel fracas apporte la lumière.* » *Quoi qu'il en soit, c'est avec la lumière qui surgit – niveau ou qualité ("Quallität") supérieurs – le bruit ou le son. C'est du son, nous explique Böhme, que naît le mot ; le mot favorise l'entente, la compréhension, il rend possible l'échange des contenus de l'intelligence.* »[553]

---

[551] Jacob Böhme, *De signatura rerum*, chapitre 1, § 15 et 16.
[552] Jacob Böhme, *De signatura rerum*, chapitre 13, § 1.
[553] Ernst Bloch, *La philosophie de la Renaissance*, pages 91 et 92.

- Soufre.

Voir « Principes (les trois) », « Formes (les trois) », « Mercure », et « Sel ».

En l'éternel commencement, c'est-à-dire dans l'intemporel du Dieu sans détermination, de même aussi qu'au commencement de ce monde, il y a *sul-phur*, première des trois formes du troisième principe. Cette forme est elle-même simultanément division en *deux formes*.

1. Le bilan.

Le *Soufre*, est constitué des deux particules *Sul* et *phur*.

La forme *sul* correspond à la béatitude de l'éternité, la béatitude du Néant dans son désir de faire irruption dans l'existence. Il s'agit du règne de la liberté en dehors de la nature, de même que du règne de la volonté (à l'origine du désir, mais non pas le désir lui-même), la libre volonté de Dieu, et Dieu lui-même. *Sul* est à l'origine de la joie, le règne de la lumière, dans la béatitude et la liberté de Dieu.

La forme *phur* est à l'origine des deux natures, la nature éternelle et la nature extérieure. Elle est la nature. Elle est le désir. *Phur* est la souffrance, le monde ténébreux et douloureux, l'âpreté, l'amertume et l'angoisse.

Sul-phur correspond donc à l'éternel commencement du désir, engendrement de la volonté, à l'origine des deux natures. La dialectique est intrinsèque au Soufre : il est à l'origine du monde céleste et du monde terrestre. Le monde céleste se pose comme l'Être de tous les êtres (Dieu), comporte et est à l'origine de l'éternité et du temps, de même que la nature éternelle. Le monde terrestre se pose comme la nature terrestre, image (signature) de la nature éternelle. Le Soufre est la figure de la volonté, du désir (de la nature), de la liberté. Il est à l'origine du mouvement, de la raison, de la vie végétale, animale, et humaine (car le Soufre est à l'origine de l'esprit et du corps).

2. Les références.

La forme Soufre englobe plusieurs particularités. Elles ne sont pas évidentes à classifier dans une logique référentielle thématique. Ceci dit, cette opération est plus aisée pour le Soufre que pour le Mercure.

La forme *sul « (...) appartient à l'éternité qui est le règne de la liberté. Elle est la béatitude de l'éternité sans commencement,* Ungrund. *Cette béatitude est une volonté. Elle est à l'origine du désir. »*[554] En fait, la forme *sul « (...) est Dieu. »*[555], ou encore, « Sul *est la libre volonté de Dieu.* Sul *est la béatitude du Néant devenue le désir de créer Quelque Chose.* Sul *appartient à l'éternité, qui est la liberté en dehors de la nature.* » [556]

La forme *phur « (...) est la nature. »*[557] Il se pose que cette forme « *(...) est le désir suscité par la volonté libre de Dieu. (...).* Phur *est à l'origine des deux natures, la nature éternelle et notre nature visible, qui est la nature extérieure.* »[558]

L'unité de la forme *Sul-phur* est l'éternel commencement du désir : « *Le désir est le premier mouvement, qui traduit la faim de Quelque Chose dans le Néant. Cette faim est le commencement éternel qui va donner naissance à la nature, la mère de toutes choses. Cet éternel commencement s'appelle* sul-phur. *La liberté, qui est le bien, et le désir, qui est une force dévorante, prennent forme dans ce nom.* »[559] *Sul-phur* se pose donc ainsi : « Phur, *le désir, n'est pas séparé de* Sul. *Les deux ne font qu'un seul mot et à l'origine ils sont une seule et même substance. Néanmoins ils se divisent pour former deux qualité contraires, la joie et la souffrance, la lumière et les ténèbres. Ainsi apparaissent deux mondes. Le premier est un feu*

---

[554] Jacob Böhme, *De signatura rerum*, chapitre 3, § 12.
[555] Jacob Böhme, *De signatura rerum*, chapitre 3, § 13.
[556] Jacob Böhme, *De signatura rerum*, chapitre 2, § 12.
[557] Jacob Böhme, *De signatura rerum*, chapitre 3, § 13.
[558] Jacob Böhme, *De signatura rerum*, chapitre 2, § 12.
[559] Jacob Böhme, *De signatura rerum*, chapitre 3, § 12.

ténébreux et douloureux, le second est le règne de la lumière dans la béatitude et la liberté de Dieu. »[560]

Le Soufre et sa dialectique propre : pour Böhme, « *Le Soufre,* sulphur, *est céleste pour une part et terrestre pour l'autre. (...). L'homme intérieur tient du Soufre.* »[561] Et encore : « *Le Soufre est à l'origine de toute vie, de tout mouvement, de la raison et des sens. Il est au commencement des êtres animés et des êtres végétatifs. Il est un esprit manifesté par deux désirs, l'un selon la nature, l'autre selon la volonté libre.* »[562] Puis : « *Le vrai Soufre,* Sulphur, *est la mère de tous les esprits et de tous les corps. Selon son origine céleste, il est l'Être de tous les êtres, qui comprend la totalité de l'éternité et du temps, avec leurs potentialités. Selon le royaume de ce monde, le Soufre est notre nature, figure de la nature éternelle. Il est au principe du temps et de la création, visible et invisible.* »[563]

Plus loin : « *Tout être corporel a une qualité formée dans le Soufre, selon le mode de l'esprit pour ce qui est de son esprit, et corporellement dans son corps.* »[564] Et « *(...) toutes choses naissent dans le corps du Soufre, (...).* »[565] Plus précisément, « *Le Soufre,* sulphur, *est au commencement de toutes choses :* sul *est le désir de la lumière ou de la volonté libre de se révéler. Cette révélation ne peut s'accomplir que par le feu. C'est dans* phur *que va naître l'essence du feu.* »[566]

Böhme rajoute que « *Le Soufre est la matrice de tout esprit et de tout corps.* »[567] Et « *En ce monde, c'est le Soufre qui régit toute croissance et toute vie. Le Mercure est la vie du Soufre. (...). Les corps se différencient suivant la qualité du Soufre et du Sel.* »[568] De même, « *Dans notre nature, le Soufre est la matrice de la création. Il naît des ténèbres, du feu et de la lumière. Pour*

---

[560] Jacob Böhme, *De signatura rerum*, chapitre 2, § 13.
[561] Jacob Böhme, *De signatura rerum*, chapitre 4, § 18.
[562] Jacob Böhme, *De signatura rerum*, chapitre 5, § 1.
[563] Jacob Böhme, *De signatura rerum*, chapitre 5, § 4.
[564] Jacob Böhme, *De signatura rerum*, chapitre 8, § 1.
[565] Jacob Böhme, *De signatura rerum*, chapitre 8, § 4.
[566] Jacob Böhme, *De signatura rerum*, chapitre 4, § 20.
[567] Jacob Böhme, *De signatura rerum*, chapitre 13, § 7.
[568] Jacob Böhme, *De signatura rerum*, chapitre 6, § 19.

une part, il a les qualités de la nature ténébreuse : l'âpreté, l'amertume, l'angoisse. Pour l'autre part, il est la figure de Dieu. Il est le feu, la lumière, l'eau vive. Dans le feu de l'éclair, le Soufre donne naissance à deux substances : l'eau exhalée par le feu froid et l'huile dans laquelle brûle le feu de la vie. »[569]

- *Sul.*

Voir « Soufre ».

Première des deux particules du Soufre (*Sul-phur*).

- Teinture.

Voir « Huile ».

- Ténèbres.

Voir « Dialectique », « Lumière », « Formes (les sept) » et « Principes (les sept) ».

Les ténèbres sont l'un des sept principes. Ils sont également, avec la lumière, l'un des deux piliers de la dialectique.

- Terre.

Voir « Éléments (les quatre) » et « Formes (les sept) ».

- Théosophie (la).

Böhme est souvent considéré comme théosophe. Dans la *De signatura rerum*, il n'utilise le terme qu'une seule fois.[570] Posons simplement – et brièvement – que la théosophie a pour objectif d'intégrer une doctrine, et parfois une pratique, imprégnées de mystique et d'hermétisme, qui visent à une

---

[569] Jacob Böhme, *De signatura rerum*, chapitre 14, § 37.

[570] Jacob Böhme, *De signatura rerum*, chapitre 8, § 56. Rien à voir avec Böhme, mais les courants les plus variés ont utilisé le mot « théosophie » pour se l'approprier en divers sens, en particulier au XIXè siècle avec la Société Théosophique fondée par Helena Blavatsky.

connaissance de Dieu par les seuls moyens de l'intériorité et de la connaissance spirituelle humaine.

- *Ungrund.*

Voir « Néant ».

- Verbe (céleste ou terrestre).

Böhme souligne la dualité du Verbe céleste et du Verbe terrestre, ou créé : le Verbe céleste participe au règne de la lumière; le Verbe créé participe au règne des ténèbres. Le Verbe céleste est une correspondance de l'éternité : il engendre la nature éternelle. Le Verbe créé est une correspondance de la temporalité : il engendre la nature extérieure. Le Verbe céleste renferme, en lui-même, l'élément simple, que Böhme appelle encore le saint élément. Le Verbe créé, quant à lui, renferme la réalité matérielle des quatre éléments. Les quatre éléments sont les engendrements de l'élément simple, comme le Verbe créé est l'engendrement du Verbe céleste.[571]

Alexandre Koyré note que « *Le nom est expressif et significatif en lui-même et par la valeur des sons qui le composent. Le nom véritable « exprime » et désigne l'essence vraie de l'objet, et c'est pourquoi la connaissance de ce nom a tant de valeur ; c'est pourquoi l'analyse et la compréhension du sens naturel des noms et leur analyse selon les lois de la langue naturelle (les lois générales de l'expression) nous font découvrir des vérités très importantes. (...). En effet, la grande loi de l'être est celle de l'expression, ou, ce qui n'est qu'une autre manière de désigner la même chose, la loi de la Parole, du Verbe.* »[572]

---

[571] Jacob Böhme, *De signatura rerum*, chapitre 13, § 3, page 255.
[572] Alexandre Koyré, *La philosophie de Jacob Böhme*, page 459, à partir de la ligne 1.

- Verbe (créateur).

Voir « *Fiat* » et « Verbe (céleste ou terrestre) ».

- Vie.

Voir « Mercure ».

- Volonté (et désir).

Voir « Liberté ».

La volonté autorise l'arrachement de la nature à l'« *(...) éternité immobile et silencieuse. (...)* » [573]. La nature a pour mode d'existence l'équilibre entre la confrontation et la résolution des contraires, et notamment, la confrontation et la résolution des *volontés* contraires : « *(...) c'est la volonté contraire qui crée le mouvement. Elle est le commencement de toute quête.* » [574] Dans ce monde, c'est-à-dire « *En toutes choses, il y a deux volontés qui s'affrontent.* »[575] En effet, « *Toute volonté contraire (...) blesse* [la nature], *mais si une volonté semblable s'offre à elle, elle goûte le bonheur d'une union harmonieuse et elle s'abandonne au repos. À l'hostilité succède la joie.* »[576] Il y a là une esquisse fondamentale du mouvement dialectique böhmien : dans la nature, « *Les formes se séparent et deux volontés distinctes apparaissent.* »[577]

Mais hors de ce monde, c'est-à-dire dans le Néant, que Böhme appelle l'oeil de l'éternité[578], il y a déjà une volonté primordiale[579] : « *La volonté divine était un* chaos, *c'est-à-dire un oeil qui était la vision des grandes merveilles. Dans ce* chaos *rien n'était séparé et il contenait toutes les couleurs, toutes les forces, toutes les vertus. Cet oeil était Dieu lui-même*

[573] Jacob Böhme, *De signatura rerum*, chapitre 2, § 2.
[574] Jacob Böhme, *De signatura rerum*, chapitre 2, § 2.
[575] Jacob Böhme, *De signatura rerum*, chapitre 2, § 11.
[576] Jacob Böhme, *De signatura rerum*, chapitre 2, § 3.
[577] Jacob Böhme, *De signatura rerum*, chapitre 3, § 17.
[578] Jacob Böhme, *De signatura rerum*, chapitre 3, § 2.
[579] Jacob Böhme, *De signatura rerum*, chapitre 3, § 4.

contemplant ses merveilles. » [580] Or « *Cet oeil est une volonté : le désir de Dieu de se révéler, d'appréhender ce Néant.* »[581] La volonté primordiale, en tant que volonté divine, est l'aspiration de Dieu à se rompre dans l'altérité, à faire surgir la nature. Cette volonté primordiale « *(...) se partage en deux formes. La première la porte vers la nature afin de manifester les merveilles latentes dans l'oeil. La seconde naît de la première. Elle est le désir des vertus et des forces grâce auxquelles elle va opérer. Elle est la fille de la première, elle est son désir. Sa fin est la joie du paradis.* »[582]

Et enfin, la volonté, lorsqu'elle est dite « pure », se pose comme « *(...) la béatitude de Dieu et sa liberté, (...), l'Esprit surnaturel qui s'incorpore à la nature.* »[583] La volonté, par Dieu, elle-même Dieu, est cette force qui pousse à la corporification de la nature, mais sans être cette corporification, car cela est du ressort du désir : ce dernier est « *(...) un souffle comme l'Esprit. Le désir crée une figure dans l'esprit, où le mystère va déployer une infinité de formes.* »[584]. Il est « *(...) une appétence. L'esprit né du désir est une force impulsive, c'est l'esprit de la nature. (...). La nature est le désir qu'elle anime.* »[585]

Le désir est bien cette force, et par extension, cette manifestation, de la corporification de ce monde : « *C'est dans le feu du désir que toutes choses s'incarnent. C'est par le désir que le monde a été créé. Le désir originel renferme les qualités de la terre, de tous les métaux, de tous les minéraux, des astres. Il est à l'origine des éléments. Toutes choses viennent d'une seule mère. C'est le désir qui les a enfantés et qui les enfante encore.* »[586] Ce désir est né de la volonté.

---

[580] Jacob Böhme, *De signatura rerum*, chapitre 3, § 40.
[581] Jacob Böhme, *De signatura rerum*, chapitre 3, § 2.
[582] Jacob Böhme, *De signatura rerum*, chapitre 3, § 4.
[583] Jacob Böhme, *De signatura rerum*, chapitre 6, § 1.
[584] Jacob Böhme, *De signatura rerum*, chapitre 3, § 5.
[585] Jacob Böhme, *De signatura rerum*, chapitre 6, § 1.
[586] Jacob Böhme, *De signatura rerum*, chapitre 3, § 15.

En fait, dans notre monde, « *Toute vie, toute croissance, toute germination dépendent de deux choses : la volonté pure et le désir.* »[587] C'est dans le Néant que se pose une *volonté éternelle*, celle de Dieu, « *(...) dont la fin est de faire entrer ce Rien dans Quelque Chose pour s'appréhender, se rendre sensible à elle-même, se contempler, car dans le Néant, elle ne se connaîtrait pas. (...). La libre volonté née de ce Néant est obombrée par la matière du désir qu'elle a engendré. C'est bien le désir qui se corporifie, et non pas la volonté en soi.* »[588]

Et la volonté « *(...) ne s'appréhendra que dans un corps né de ce désir.* »[589], car Dieu a une volonté, mais point de désir[590]. Dieu, par sa *volonté*, a donc « *(...) tiré toutes choses du Néant, or Dieu est lui-même ce Néant. Le Dieu bienheureux est un Dieu d'amour qui demeure en lui-même. (...). Or sa béatitude et son amour ne seraient pas manifestes s'il restait le Dieu Un, insubstantiel, immobile et silencieux. Dans ce calme, il n'y aurait ni la joie ni aucun mouvement. Seul régnerait le silence éternel. Or Dieu va revêtir un corps en concevant le désir de se manifester.* »[591] Dans ce monde, le désir engendre la manifestation corporelle de la volonté divine. En fait, par le désir et la volonté, « *(...) Quelque chose s'engendre à partir du Néant pour que l'éternité soit révélé.* »[592]

Et ce monde est l'affrontement des contraires, cela a déjà été souligné, parce que justement « *(...) la volonté libre de l'éternité a suscité le désir dans la nature et avec ce désir est née la discorde. Dans l'éternité, il n'y avait qu'un seul élément et une seule volonté. Dans notre nature, l'élément unique s'est partagé entre quatre éléments qui représentent une multitude de désirs et de volontés. C'est ainsi que la guerre s'est déclarée dans la création. Elle oppose le chaud et le froid, le feu et l'eau, l'air et la terre. Elle est la lutte entre les contraires, chacun*

[587] Jacob Böhme, *De signatura rerum*, chapitre 6, § 1.
[588] Jacob Böhme, *De signatura rerum*, chapitre 2, § 7.
[589] Jacob Böhme, *De signatura rerum*, chapitre 2, § 8.
[590] Jacob Böhme, *De signatura rerum*, chapitre 6, § 2.
[591] Jacob Böhme, *De signatura rerum*, chapitre 6, § 8 et 9.
[592] Jacob Böhme, *De signatura rerum*, chapitre 9, § 10.

étant la mort de l'autre. »[593] L'équilibre des contraires ne sera réalité que dans le fait que chaque créature « *(...) ne trouvera la paix que dans une volonté unique dont elle s'est détachée. Mais pour y parvenir, elle devra s'affranchir de la volonté multiple (...).* »[594] Nous ne sommes pas loin ici de toucher au problème de l'origine ou de la réalité du Mal.

---

[593] Jacob Böhme, *De signatura rerum*, chapitre 15, § 4.
[594] Jacob Böhme, *De signatura rerum*, chapitre 15, § 5.

Annexe II

Index non exhaustif des concepts de la *De signatura rerum*

Ces concepts concernent les quatre catégories qu'il nous semble repérer dans le système de Böhme :

1. Les sphères sensibles et suprasensibles de l'univers divin, c'est-à-dire Dieu (les anges), le Christ et Satan (les démons).

2. Les sphères sensibles et suprasensibles de la nature, leurs conceptions et processus.

3. L'homme, sa nature, sa Chute et sa guérison.

4. L'univers divin, la nature et l'homme, selon le processus de l'alchimie.

Ne sont notées ici que les références qui nous paraissent essentielles dans ce travail. Les présentes localisations ne sont donc pas exhaustives. Le présent chapitrage est celui de l'édition française de la *De signatura rerum* traduite par Pierre Deghaye.

- Artiste.

Voir *Alchimiste.*

- Baptême (guérison de l'homme par Dieu et le Christ).

Chapitre 5 : paragraphes : de 10 à 17. / Chapitre 7 : paragraphes : de 1 à 81 (totalité), en particulier : 52, 53, 67, 68 (baptême). / Chapitre 10 : paragraphes : de 1 à 21, en particulier : 13 (baptême), et plus loin : 24 (baptême). / Chapitre 11 : paragraphe : 4. / Chapitre 12 : paragraphe : 1. / Chapitre 14 : paragraphe : 1. / Chapitre 15 : paragraphe : 16.

Voir aussi *Régénération.*

- Bien.

Voir *Royaume.*

Voir aussi *Vérité.*

- Céleste.

Voir *Élément*(s).

- Chaos.

Chapitre 3 : paragraphe : 40. / Chapitre 13 : paragraphes : 23, 24.

- Chaud.

Voir *Feu.*

- Chrétien (qu'est-ce qu'être chrétien ?).

Chapitre 11 : paragraphes : de 52 à 67 (idem que les paragraphes du rôle de Jean et Marie), en particulier : 58, 59. / Chapitre 15 : paragraphes : de 28 à 46, en particulier, 33, 35, 36, 40, 43, 45.

- Christ.

Chapitre 3 : paragraphes : 30, 32. / Chapitre 7 : paragraphes : 28, de 31 à 35, 38, 39, 40, 43, de 45 à 48, 51, 52, 53, 55, 56, 60, 62, 63, 65, 71, 74, 77, 79, 80, 81. / Chapitre 8 : paragraphe : 9. / Chapitre 9 : paragraphes : 6, 61, 64, 65, 66. / Chapitre 10 : paragraphes : 10, 11, de 15 à 18, de 22 à 47, 50, 51, 52, de 54 à 63, de 65 à 72, de 74 à 80. / Chapitre 11 : paragraphes : 4, 5, 6, de 11 à 18, 21, de 23 à 32, 39, 40, 41, 45, 47, 48, de 52 à 58, de 61 à 64, 66, 67, 68, 70, de 72 à 77, 81, 82, 85, 87, 90, 92, 93, 95, 96, 98. / Chapitre 12 : paragraphes : de

paragraphe : 39 (Lion), 41, 46. / Chapitre 15 : paragraphes : 4, 5, 6, 8, 9, 10, de 13 à 18, 21, 30, de 32 à 37, 47, de 49 à 52. / Chapitre 16 : paragraphe : 20.

Bibliographie non exhaustive

AROMATICO (Andrea), *Alchimie – Le grand secret*, éditions Gallimard, collection Découvertes – Traditions, Paris, 1996, traduction d'Audrey van de Sandt.

BAADER (Franz von), *Sämtliche Werke*, éditions F.Hoffmann & Co, Leipzig, 1850-1860, seize volumes.

BANDET (Jean-Louis), *La littérature allemande*, éditions *Presses Universitaires de France*, collection *Que sais-je?*, 1990, première édition en 1987).

BENZ (Ernst), *Les sources mystiques de la philosophie allemande*, éditions Vrin, collection Bibliothèque d'histoire de la philosophie, Paris, 1968, réédition en 1987.

BLOCH (Ernst), *La philosophie de la Renaissance*, éditions Payot & Rivages, Paris, 1994, première édition française en 1974, première édition allemande, chez Suhrkamp Verlag, en 1972, traduction de Pierre Kamnitzer.

BLOCHER (Henri) et ABEL (Olivier), *L'Encyclopédie du protestantisme*, éditions du Cerf (Paris) et éditions Labor et Fides (Genève), 1995.

BÖHME (Jacob), *Confessions – choix de textes*, éditions Fayard, Paris, 1977, notes et commentaires d'Alexis Klimov, traduction de Louis-Claude de Saint-Martin.

BÖHME (Jacob), *Des trois principes de l'essence divine,* deux tomes, éditions de l'Imprimerie de Laran, Paris, 1802, réédition en deux tomes aux éditions d'Aujourd'hui, Paris, 1985, traduction de Louis-Claude de Saint-Martin.

BÖHME (Jacob), *De signatura rerum* (1622), éditions Grasset, collection Les Écritures Sacrées, Paris, 1995, traduction et introduction de Pierre Deghaye.

BÖHME (Jacob), *Jacob Böhme Werke – Morgenröte und De Signatura Rerum – Böhmes Hauptwerke in kritischer Edition und mit umfassendem Kommentar*, Deutscher Klassiker Verlag, collection Bibliothek Deutscher Klassiker, Frankfurt am Main, 1997.

BÖHME (Jacob), *L'aurore naissante, ou la racine de la philosophie, de l'astrologie et de la théologie* (*Aurora oder Morgenröte im Aufgang*) (1612), deux tomes, éditions de l'Imprimerie de Laran, Paris, 1800, traduction de Louis-Claude de Saint-Martin.

BÖHME (Jacob), *Les quarante questions sur l'origine, l'essence, l'être, la nature, et la propriété de l'âme, et sur ce qu'elle est d'éternité en éternité ; suivies de la base profonde et sublime en six points,* éditions Migneret, Paris, 1807, traduction Louis-Claude de Saint-Martin.

BÖHME (Jacob), *Les quarante questions sur l'âme,* éditions Arma Artis, Paris, 1984, traduction de Louis-Claude de Saint-Martin, épilogue de Bernard Gorceix.

BÖHME (Jacob), *Mysterium Magnum* (1623), éditions d'Aujourd'hui, 2 tomes, Paris, 1978, traduction de Serge Jankélévitch.

BÖHME (Jacob), *Sex puncta theosophica* (1620), texte publié dans l'ouvrage collectif intitulé *Jacob Böhme*, éditions Albin Michel, collection Cahiers de l'hermétisme, Paris, 1977, traduction de Louis-Claude de Saint-Martin. Première édition : éditions Migneret, Paris, 1807.

BONARDEL (Françoise), *Philosophie de l'alchimie – Grand Œuvre et Modernité* », éditions Presses Universitaires de France, collection Questions, Paris, 1993.

BONARDEL (Françoise), *Philosopher par le feu – Anthologie de textes alchimiques occidentaux*, éditions du Seuil, collection Sagesses, Paris, 1995.

BORNKAMM (Heinrich), *Luther und Böhme*, A.Marcus und E.Webers Verlag, Bonn, 1925.

BOUTROUX (Émile), *Le philosophe allemand Jacob Boehme*, éditions Félix Alcan, Paris, 1888.

BRAUN (Lucien), *Paracelse*, éditions Slatkine, collection Fleuron, Paris et Genève, 1995, préface de Roland Édighoffer.

BRÉHIER (Émile), *Histoire de la philosophie allemande*, éditions Vrin, collection Bibliothèque d'histoire de la philosophie, Paris, 1921.

BRÉHIER (Émile), *Schelling*, éditions Alcan, Paris, 1912.

BRITO (Emilio), *La création selon Schelling – Universum*, éditions Leuven University Press, collection Bibliotheca Ephemeridum Theologicarum Lovaniensium, Louvain, 1987.

BRUAIRE (Claude), *Schelling ou la quête du secret de l'être*, éditions Seghers, collection Philosophes de tous les temps, Paris, 1970.

CHALLIOL-GILLET (Marie-Christine), *Schelling*, éditions Presses Universitaires de France. Collection Que sais-je?, Paris, 1996.

CHASTEL (André), *Schelling ou la métaphysique de l'imaginaire*, version de 1949 (première version en 1937), publié dans *Le Romantisme allemand*, de la page 152 à la page 164, ouvrage collectif publié sous la direction d'Albert Béguin, éditions Les cahiers du Sud, 1949.

CHEVALIER (Jean) et GHEERBRANT (Alain), *Le Dictionnaire des symboles*, éditions Robert Laffont & Jupiter, collection Bouquins, 1982, édition originale de 1969.

COURTINE (Jean-François), *Extase de la raison – Essais sur Schelling*, éditions Galilée, collection La philosophie en effet, Paris, 1990.

DEGHAYE (Pierre), *La naissance de Dieu ou la doctrine de Jacob Boehme*, éditions Albin Michel, collection Spiritualités Vivantes, Paris, 1985.

FAIVRE (Antoine), *Eckartshausen et la théosophie chrétienne*, éditions Klincksieck, Paris, 1969.

FOUCAULT (Michel), *Les mots et les choses – une archéologie des sciences humaines*, éditions Gallimard, collection Bibliothèque des Sciences Humaines, Paris, 1966.

GASSE (Jean-Louis), *Le Traité de la liberté du chrétien de Martin Luther*, éditions Presses Universitaires de France, Poitiers, 1984.

GUERRIER (Éric Kaija), *La traversée de l'intervalle – Aperçus fragmentaires de l'influence de la mystique rhénanique sur la franc-maçonnerie christique*, éditions Yves Meillier, collection Ésotérisme, Paris, 2010.

GUERRIER (Éric Kaija), *Le Christ initiatique – Une christologie au cœur de la franc-maçonnerie & douze tableaux d'une poétique de la transmutation alchimique effective*, éditions du Cosmogone, collection Compendium, Lyon, 2011.

HEGEL (Georg Wilhelm Friedrich), *Leçons sur l'histoire de la philosophie*, éditions Vrin, collection Bibliothèque des textes philosophiques, Paris, 1985, traduction française de Pierre Garniron.

HEIDEGGER (Martin), *Schellings Abhandlung über das Wesen der menschlichen Freiheit – 1809*, Max Niemeyer Verlag, Tübingen, 1971.

HEIDEGGER (Martin), *Schelling – Le traité de 1809 sur l'essence de la liberté humaine*, éditions Gallimard, collection Bibliothèque de philosophie, Paris, 1977, traduction de Jean-François Courtine.

HUTIN (Serge), *L'alchimie*, éditions Presses Universitaires de France, collection Que sais-je ?, Paris, 1991, première édition en 1951.

KOYRÉ (Alexandre), *La philosophie de Jacob Boehme*, éditions Vrin, Paris, 1971, première édition en 1929.

KOYRÉ (Alexandre), *Mystiques, spirituels, alchimistes du XVIè Siècle*, éditions Armand Colin, Paris, 1955.

KOYRÉ (Alexandre), *Un mystique protestant : Maître Valentin Weigel*, un article initialement paru dans la Revue d'histoire et de philosophie religieuses, 1928, publié ensuite aux éditions de la Librairie Félix Alcan, Paris, 1930.

LACOUE-LABARTHE (Philippe) et NANCY (Jean-Luc), *L'absolu littéraire – théorie de la littérature du romantisme allemand*, éditions Seuil, collection Poétique, Paris, 1978.

LEESE (Kurt), *Von Jakob Boehme zu Schelling – Zur Metaphysik des Gottesproblems*, dissertation d'inauguration en vue de l'obtention du doctorat de la faculté de philosophie de l'université de Hambourg, 1927.

LIENHARD (Marc), *Au coeur de la foi de Luther* : *Jésus-Christ*, éditions Desclée et Proost France, Paris, 1991.

LIENHARD (Marc), *Luther témoin de Jésus-Christ*, éditions du Cerf, Paris, 1973.

LÜTGERT (Wilhelm), *Die Religion des deutschen Idealismus und ihr Ende* », deuxième volume, éditions Gütersloh, Gütersloh, 1923.

LUTHER (Martin), *Ausgewählte Schriften*, Frankfurt am Main, Fischer Taschenbuch Verlag, 1983.

LUTHER (Martin), *De la liberté du chrétien*, dans les *Œuvres*, éditions Labor & Fides, Genève & Paris, 1957-1983.

LUTHER (Martin), *Du Serf Arbitre*, dans les *Œuvres*, éditions Labor et Fides, Genève & Paris, 1958.

LUTHER (Martin), *Luthers Werke – Kritische Gesamtausgabe*, éditions dite de Weimar, Böhlau, 1883.

LUTHER (Martin), *Werke*, 120 volumes, Metzler Verlag, Stuttgart & Weimar, 2000-2007.

MAESSCHALK (Marc), *L'anthropologie politique et religieuse de Schelling*, éditions Vrin & Peeters, collection Bibliothèque philosophique de Louvain, Paris & Louvain, 1991.

MAIER (Heinrich), *Philosophie der Wirklichkeit*, troisième volume, Tübingen, 1935.

MARQUET (Jean-François), *Liberté et existence – Étude sur la formation de la philosophie de Schelling*, éditions Gallimard, collection Bibliothèque des idées, Paris, 1973.

MARTENSEN (Hans Lassen), *Meister Eckhart*, Hamburg, 1842.

PAUL (Jean-Marie), *Dieu est mort en Allemagne – Des Lumières à Nietzsche* (section concernant Schelling : de la page 128 à la page 139), éditions Payot & Rivages, collection Bibliothèque Scientifique, Paris, 1994.

PAUL (Jean-Marie), *Le Mal et la Maladie – de Maître Eckhart à Thomas Bernhard*, ouvrage collectif publié sous la direction de Jean-Marie Paul, éditions Presses Universitaires de Nancy, collection Diagonales, Nancy, 1988.

PIERRE (Marjolaine), *L'émergence du concept d'angoisse à l'époque du romantisme allemand* (section concernant Schelling : de la page 116 à la page 185), thèse de doctorat en philosophie de l'Université des Sciences Humaines de Strasbourg, 1997.

PLATON, *Le Banquet*, page 29 du quatrième tome des œuvres complètes, seconde partie, éditions Les Belles Lettres, Paris, 1951, traduction de Léon Robin.

PLATON, *Timée*, éditions Garnier Flammarion, Paris, 1992, traduction de Luc Brisson.

RIFFARD (Pierre André), *L'ésotérisme*, éditions Robert Laffont, collection Bouquins, Paris, 1990.

ROSENFIELD (Denis), *Du mal – Essai pour introduire en philosophie le concept du mal*, éditions Aubier, collection Philosophie de l'esprit, Paris, 1989.

SAVORET (André), *Qu'est-ce que l'alchimie ?*, un article paru dans l'ouvrage collectif intitulé *L'alchimie*, éditions Albin Michel, Paris, 1978

SCHELLING (Friedrich Wilhelm Joseph von), *Philosophische Untersuchungen über das Wesen der menschlichen Freiheit und die damit zusammenhängenden Gegenstände* (1809), extrait des *Schrifften – Schellings ausgewählte Werke*, volume intitulé *Schrifften von 1806-1813*, de la page 275 à la page 360, éditions Wissenschaftliche Buchgesellschaft, Darmstadt, 1968.

SCHELLING (Friedrich Wilhelm Joseph von), *Philosophische Untersuchungen über das Wesen der menschlichen Freiheit und die damit zusammenhängenden Gegenstände* (1809), tome VII de la première section des *Sämmtliche Werke* (parfois orthographié *Sämtliche Werke*), de la page 336 à la page 416, J.G.Cotta Verlag, Stuttgart & Ausburg, 1859.

SCHELLING (Friedrich Wilhelm Joseph von), *Recherches philosophiques sur l'essence de la liberté humaine et les sujets qui s'y rattachent* (1809), traduction de Jean-François Courtine et d'Emmanuel Martineau, texte extrait du volume des *Oeuvres Métaphysiques (1805-1821)*, de la page 115 à la page 196, éditions Gallimard, collection Bibliothèque de Philosophie, Paris, 1980.

SCHELLING (Friedrich Wilhelm Joseph von), *Essais*, éditions Aubier, Paris, 1946, traduction de Serge Jankélévitch.

SCHELLING (Friedrich Wilhelm Joseph von), *Les âges du monde*, éditions Aubier, Paris, 1949, traduction de Serge Jankélévitch.

SCHELLING (Friedrich Wilhelm Joseph von), *Philosophie de la Révélation*, éditions PUF, collection Épiméthée, 1989, tome 1, traduction de Jean-François Marquet.

SIGWART (Heinrich Christoph Wilhelm), *Das Problem des Bösen oder die Theodice*, Tübingen, 1840.

SPENLÉ (Jean-Édouard), *La pensée allemande de Luther à Nietzsche*, éditions Armand Colin, collection U2, 1967.

SPINOZA (Baruch), *Éthique*, éditions Flammarion, Paris, 1908, traduction de Raoul Lantzenberg, ou éditions Seuil, Paris, 1988, texte original et traduction de Bernard Pautrat.

SUSINI (Eugène), *Franz von Baader et le romantisme mystique*, quatre tomes, éditions Vrin, Paris, 1942.

TILLIETTE (Xavier), *Schelling, une philosophie en devenir*, deux tomes, éditions Vrin, collection Bibliothèque d'histoire de la philosophie, Paris, 1970.

VETÖ (Miklos), *Le fondement selon Schelling*, éditions Beauchesne, publication de l'Université de Paris X – Nanterre, Paris, 1977.

VETÖ (Miklos), *Le mal radical selon Schelling*, dans l'ouvrage collectif intitulé *Le Mal et la Maladie – de Maître Eckhart à Thomas Bernhard*, éditions Presses Universitaires de Nancy, collection Diagonales, 1988. Ouvrage publié sous la direction de Jean-Marie Paul.

WEHR (Gerhard), *Jakob Boehme*, dans les *Cahiers de l'hermétisme*, éditions Albin Michel, Paris, 1977, traduction de Paul Kessler. Le texte original, dans l'édition allemande, est intitulé *Jakob Böhme in Selbstzeugnissen und Bilddokumenten*, Rowohlt Taschenbuch Verlag, Reinbeck bei Hamburg, 1971.

Table

Argentoratum
Strassburg
Strasbourg
2013
AD

Philosophie aux éditions L'Harmattan

Dernières parutions

UNE DETTE À L'ÉGARD DE LA CULTURE GRECQUE
La juste mesure d'Aristote
Kletz-Drapeau Françoise
Aristote est à la mode : en éthique médicale ou en économie, nombreux sont ceux qui s'en réclament. Une telle vogue a de quoi étonner : qu'apprend-elle, sur Aristote d'une part, sur notre époque d'autre part ? En analysant quelques œuvres où s'illustre cette étonnante juste mesure, on comprend mieux pourquoi notre siècle est obnubilé par le désir de tout mesurer, de tout évaluer. Ce bref essai repart des œuvres et donne quelques éléments pour « mesurer » l'intérêt d'Aristote aujourd'hui.
(Coll. Ouverture Philosophique, 13.50 euros, 122 p.)
ISBN : 978-2-336-00240-8, ISBN EBOOK : 978-2-296-51194-1

ÉPOQUE (L') PRÉHISTORIQUE N'EST PAS SI LOIN ! – Sortir de sa grotte
Boby De La Chapelle Philippe
Sommes-nous vraiment sortis de l'âge des cavernes dans nos comportements coutumiers et nos données traditionnelles ? Le mythe de la caverne nous concerne-t-il toujours jusque dans nos habitudes ? L'auteur nous présente ici une réflexion sur nos réflexes conditionnés par nos traditions, tant religieuses que philosophiques, qui influencent notre mentalité et servent de règles à nos comportements.
(21.00 euros, 208 p.)
ISBN : 978-2-296-99732-5, ISBN EBOOK : 978-2-296-51087-6

POLITIQUE POSTMODERNE – Généalogie du contemporain
Seguin Thomas
L'auteur réalise une relecture du corpus théorique postmoderne afin d'en dégager une grammaire politique nouvelle. C'est le parti pris de cet ouvrage que de lier la pensée politique de la postmodernité à l'analyse de la société actuelle et à sa transformation. L'objet théorique qu'il nous propose permet d'envisager et d'éclairer une série de faits sociaux et d'idées nouvelles dans notre contemporanéité mouvante.
(Coll. Logiques sociales, 28.00 euros, 278 p.)
ISBN : 978-2-296-99287-0, ISBN EBOOK : 978-2-296-51180-4

POSTMODERNISME – Une utopie moderne
Seguin Thomas
Voici décrits les principaux motifs de la théorie sociale et culturelle postmoderne en simplifiant l'abord de la pensée post-68 (Baudrillard, Deleuze, Derrida, Lyotard, Foucault, Guattari). Ce livre a pour ambition de

clarifier les incompréhensions et les erreurs qui ont alimenté les débats parfois polémiques concernant ce courant de pensée. Le postmodernisme n'est pas une constellation théorique, il déploie aussi ses valeurs propres au sein d'une utopie assumée.
(Coll. Pour Comprendre, 19.00 euros, 188 p.)
ISBN : 978-2-336-00638-3, ISBN EBOOK : 978-2-296-51176-7

DÉMOCRATIE ET LE VIVANT – Un système à l'épreuve des hommes
Gres Jean-Pierre
La démocratie contemporaine souffre d'une crise de crédibilité. Comprendre cette crise, c'est d'abord comprendre les fondements des principes et des valeurs qui font de la thèse démocratique une thèse défendable, sur le registre de la raison critique, mais aussi de l'expérience. D'où la question centrale : la démocratie peut-elle être fondée universellement, à tous les niveaux de l'organisation sociale ?
(Coll. Ouverture Philosophique, 28.00 euros, 284 p.)
ISBN : 978-2-296-99795-0, ISBN EBOOK : 978-2-296-51124-8

PROJETS FONDATIONNELS DE HUSSERL ET DE FREGE À LA PERSPECTIVE DE WITTGENSTEIN
Djibo Mamoudou
Ici le principe de contexte cher à Frege dans la préface aux *Fondements de l'Arithmétique* se nomme nécessité de doter les objets mathématiques d'un fondement théorique fiable. Husserl avança une réponse de type psychologiste dans l'exacte mesure où le sujet connaissant reste le socle irréfutable et constitutif de tous les ordres de savoirs. La thèse de Frege, quant à elle, consiste à accréditer l'idée que toute l'arithmétique pouvait être réduite aux lois de logique générale.
(Coll. Ouverture Philosophique, 24.00 euros, 236 p.)
ISBN : 978-2-336-00450-1, ISBN EBOOK : 978-2-296-51145-3

PROBLÈME DE L'ALIÉNATION – Critique des expériences dépossessives de Marx à Lukacs
Sarr Ousmane - Préface de Stéphane Haber
«En reprenant l'histoire de la thématique de l'aliénation, le livre d'Ousmane Sarr éclaire d'une lumière vive des pans entiers de la théorie sociale moderne. Cet ouvrage montre à quel point des analyses philosophiques rigoureuses, soutenues par la connaissance de l'histoire de la pensée, conservent tout leur intérêt. Elles peuvent continuer décisivement à enrichir, autant qu'à préciser, les discussions passionnées et difficiles que nous menons sur la nature de notre présent historique.» (Stéphane Haber)
(Coll. La philosophie en commun, 24.50 euros, 234 p.)
ISBN : 978-2-336-00687-1, ISBN EBOOK : 978-2-296-51118-7

DIEU DANS LA MODERNITÉ – Supprimer la religion, n'est-ce pas supprimer l'homme ?
Ramazani Bishwende Augustin
Le Dieu de la modernité se retire de l'histoire et du monde en laissant l'homme vaquer à ses affaires temporelles. Plutôt que de s'ouvrir au transcendant, il se conçoit d'abord et avant tout comme *transcendance dans l'immanence*, appelé à construire le monde et l'histoire sans nécessairement l'intervention de Dieu.

La rupture épistémologique que l'auteur préconise consiste à fixer le débat philosophique sur l'homme comme un existé fondamentalement religieux.
(Coll. Pensée Africaine, 30.00 euros, 298 p.)
ISBN : 978-2-336-00128-9, ISBN EBOOK : 978-2-296-51205-4

DIEU, MATRICE DE LA MÉTAPHYSIQUE – Metaphysica theoria - (Tome 5)
Stradda Paul-Emmanuel
Ce volume est la première étape dans la question philosophique de l'existence de Dieu. Qu'est-ce qu'être intelligent sinon la capacité de rechercher et de recevoir la vérité ? Il y a plus : la raison peut conduire à la foi, à Dieu. Et même, l'acte de foi est essentiellement un acte d'intelligence. La connaissance de Dieu vivifie la raison et la couronne. L'intelligence a été donnée par Dieu à l'homme et, avec elle, les idées dont l'être est l'âme et Dieu l'intelligence suprême.
(Coll. Ouverture Philosophique, 29.00 euros, 282 p.)
ISBN : 978-2-336-00583-6, ISBN EBOOK : 978-2-296-51188-0

ESSAI SUR L'EXISTENCE DE DIEU – Metaphysica theoria - (Tome 6)
Stradda Paul-Emmanuel
Est-il possible de démontrer l'existence de Dieu ? Est-ce nécessaire ? L'homme est capable de connaître Dieu indépendamment de la Révélation, au moyen de l'intelligence. La question est donc plutôt : y a-t-il assez de raisons de concevoir l'existence de Dieu ? Le problème de l'existence de Dieu est philosophique : il s'agit d'une démonstration rationnelle et métaphysique, à partir des données expérimentales. Sept arguments ouverts et réfléchis en faveur de l'existence de Dieu sont ici exposés.
(Coll. Ouverture Philosophique, 30.00 euros, 288 p.)
ISBN : 978-2-336-00582-9, ISBN EBOOK : 978-2-296-51189-7

LETTRE AUX CITOYENS DU MONDE
Vernhes Marc
Pour l'auteur, les violations des droits de l'homme, la misère, la violence, l'omnipotence de «l'empire de l'argent», les atteintes répétées à l'environnement, ne sont pas des fatalités. Pour combattre ces fléaux, les «citoyens du monde» doivent s'approprier un socle de valeurs communes et inventer ensemble une nouvelle forme d'humanisme. Sur ces thèmes essentiels, l'auteur nous invite à engager collectivement «un grand débat citoyen».
(11.50 euros, 78 p.)
ISBN : 978-2-336-00104-3, ISBN EBOOK : 978-2-296-50926-9

FRANCS-MAÇONS (LES) – Des inconditionnels de l'espoir
Deschatres François
Après cinquante ans de présence en franc-maçonnerie, l'auteur livre le fruit de sa réflexion personnelle, car la finalité de cette idéologie est rarement exposée publiquement. En écrivant ce livre, son intention est de «faire pénétrer» le lecteur dans l'idéal maçonnique, sans réserve et sans prosélytisme, dans un souci de vérité.
(19.00 euros, 190 p.)
ISBN : 978-2-336-00111-1, ISBN EBOOK : 978-2-296-50899-6

HÉGÉLIANISME (L') ET SON DESTIN FRANÇAIS
Puisais Eric
Au travers de parcours à la fois méthodologiques et historiques, cet ouvrage cherche à témoigner du destin de la pensée hégélienne en France, de la fin du XIXe siècle jusqu'à l'après-guerre. Ce livre tente de former une « phénoménologie de la réception » en décrivant l'itinéraire d'une oeuvre, le parcours d'une pensée, les modes de circulations des idées hégéliennes et de leur perception, souvent contradictoires.
(Coll. Rationalismes, 14.50 euros, 140 p.)
ISBN : 978-2-296-96378-8, ISBN EBOOK : 978-2-296-50946-7

SPINOZA, LA MATRICE
Nouveaux éclairages sur le bonheur, la liberté, la hérarchie, l'éternité, la mort, la morale, Dieu, le chaos, l'inconscient, le sexe, l'humanisme, l'école
Collegia Jean-Pascal
Cet ouvrage est un essai sur le système d'explication du monde tel qu'il est selon Spinoza. L'exposé se veut conforme à la volonté de Spinoza d'être au plus près de la vie quotidienne. L'usage d'analogies, parfois inattendues, le parti pris de simplicité dans l'exposé visent à conduire par un chemin court au « prince des philosophes », selon l'expression de Deleuze. Toutes nos préoccupations, et nos oublis, semblent trouver dans Spinoza leur écho préalable.
(Coll. Ouverture Philosophique, 13.50 euros, 122 p.)
ISBN : 978-2-296-99793-6, ISBN EBOOK : 978-2-296-50958-0

POINCARÉ, LE HASARD ET L'ÉTUDE DES SYSTÈMES COMPLEXES
Gargani Julien
Pour Poincaré, dont nous venons de célébrer le centenaire de la disparition, chaque partie de l'univers est liée avec toutes les autres et ces liens de causalité sont amples. Des questions liées aux problèmes environnementaux surgissent de la lecture de ses travaux. Sans le savoir Poincaré est le précurseur d'une métaphysique de l'écologie. On retrouve aujourd'hui des idées nées il y a plus d'un siècle dans tous les problèmes en lien avec les systèmes complexes (climat, biodiversité, santé, géosciences...).
(Coll. Ouverture Philosophique, 13.50 euros, 124 p.)
ISBN : 978-2-336-00505-8, ISBN EBOOK : 978-2-296-51038-8

THÉORIE DE L'ESPRIT ET PÉDAGOGIE CHEZ KARL POPPER
Le «seau» et le «projecteur»
Firode Alain
Ce livre se propose d'interroger l'oeuvre popérienne dans son ensemble, les écrits de jeunesse comme les textes de la maturité, sous l'angle d'une théorie du sujet humain et de sa formation. Il s'agit, d'une part, de jeter un éclairage sur le lien qui unit de l'intérieur la pensée de Popper aux préoccupations d'ordre psychologique et pédagogique ; d'autre part, de montrer en quoi la prise en compte des thèses popériennes peut contribuer à renouveler la réflexion contemporaine sur l'apprentissage et l'éducation.
(Coll. Pédagogie: crises, mémoires, repères, 16.50 euros, 154 p.)
ISBN : 978-2-336-00106-7, ISBN EBOOK : 978-2-296-50836-1

L'HARMATTAN, ITALIA
Via Degli Artisti 15; 10124 Torino

L'HARMATTAN HONGRIE
Könyvesbolt ; Kossuth L. u. 14-16
1053 Budapest

ESPACE L'HARMATTAN KINSHASA
Faculté des Sciences sociales,
politiques et administratives
BP243, KIN XI
Université de Kinshasa

L'HARMATTAN CONGO
67, av. E. P. Lumumba
Bât. – Congo Pharmacie (Bib. Nat.)
BP2874 Brazzaville
harmattan.congo@yahoo.fr

L'HARMATTAN GUINÉE
Almamya Rue KA 028, en face du restaurant Le Cèdre
OKB agency BP 3470 Conakry
(00224) 60 20 85 08
harmattanguinee@yahoo.fr

L'HARMATTAN CAMEROUN
BP 11486
Face à la SNI, immeuble Don Bosco
Yaoundé
(00237) 99 76 61 66
harmattancam@yahoo.fr

L'HARMATTAN CÔTE D'IVOIRE
Résidence Karl / cité des arts
Abidjan-Cocody 03 BP 1588 Abidjan 03
(00225) 05 77 87 31
etien_nda@yahoo.fr

L'HARMATTAN MAURITANIE
Espace El Kettab du livre francophone
N° 472 avenue du Palais des Congrès
BP 316 Nouakchott
(00222) 63 25 980

L'HARMATTAN SÉNÉGAL
« Villa Rose », rue de Diourbel X G, Point E
BP 45034 Dakar FANN
(00221) 33 825 98 58 / 77 242 25 08
senharmattan@gmail.com

L'HARMATTAN TOGO
1771, Bd du 13 janvier
BP 414 Lomé
Tél : 00 228 2201792
gerry@taama.net

538777 - Août 2013
Achevé d'imprimer par

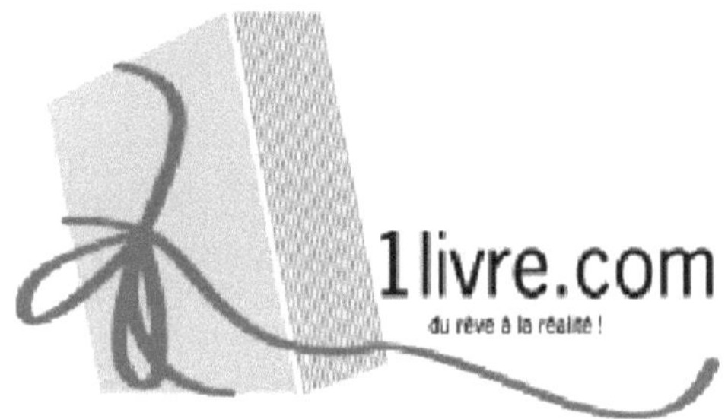